Casas de contenedores marítimos

Construir casas usando contenedores - Una guía simple para principiantes

Tabla de contenidos

Introducción

Llega un momento en la vida de todo el mundo en el que hay que mudarse de la casa de los padres y conseguir una propia. Es una parte natural de la evolución y del viaje de crecimiento del individuo; un momento esencial que marca la diferencia para el tipo de persona en que uno se convierte. El momento difiere de un caso a otro y dependiendo del lugar, pero es un paso inevitable.

Hoy en día, por desgracia, conseguir una vivienda propia es más fácil de decir que de hacer. La mayoría de los jóvenes quedan atrapados pagando alquileres durante años porque el precio promedio de la vivienda en un lugar como Estados Unidos, por ejemplo, supera el cuarto de millón de dólares, lo cual no está al alcance de muchos. Ser propietario de una vivienda se ha convertido en un sueño al que muchos aspiran, pero que pocos alcanzan a una edad razonable. Si tiene varios trabajos, podrá permitirse una hipoteca a los 40 años, lo que sin duda no es lo que ninguna persona desea. Sin embargo, hay otras maneras.

No trabaje en tres empleos durante 15 años para pagar la casa de sus sueños; puede construirla usted mismo. Esta casa también es ideal para alguien que tenga dinero y quiera experimentar con una casa de vacaciones o una propiedad en otro lugar. Puede construir una casa de contenedores marítimos donde quiera, y no le costará tanto dinero como comprar una casa tradicional.

Las casas de contenedores marítimos han ido ganando popularidad a lo largo de los años, y por una buena razón. En este libro se analiza qué es una casa de contenedores marítimos. Todo lo que necesita saber acerca de este invento moderno será abordado, incluyendo el costo para conseguir una casa de contenedores, cómo construirla, cómo amueblarla, los permisos que necesita para tenerla, y mucho más.

¿Qué es una casa de contenedores marítimos?

Como su nombre indica, se trata de una vivienda hecha con un contenedor marítimo de barcos. Desde su invención en los años 50, los contenedores marítimos han revolucionado la industria del transporte, haciendo posible el transporte de grandes cantidades de mercancías en naves de carga. Tardó algunas décadas, pero luego se utilizaron como espacios habitables, y también están creando furor en el mundo residencial e inmobiliario.

Con un solo contenedor pequeño se puede hacer una casa de 160 pies cuadrados de superficie. Con ocho contenedores se puede hacer una casa de dos pisos y 1280 pies cuadrados, y así sucesivamente. Por eso han ido ganando popularidad como vivienda para las personas que tienen el espacio necesario y la dedicación para convertir esos contenedores de acero en casas habitables que son a la vez elegantes y funcionales, y lo más importante, asequibles. Esto nos lleva a una pregunta fundamental.

¿Por qué invertir en una casa de contenedores?

Puede empezar desde cero

A diferencia de los inmuebles tradicionales, con las casas de contenedores marítimos se puede empezar desde cero. Existe la opción de encargar una casa prefabricada, pero puede ocuparse de todos los detalles usted mismo; la decisión es suya. Esto le da la libertad de empezar el proceso de diseño desde el nivel más básico hasta la elección de las lámparas que quiera utilizar, lo que nos lleva al siguiente punto.

Fácil de personalizar

Una de las mayores ventajas de las casas de contenedores marítimos es que son fácilmente personalizables. Lo que sea que haya soñado tener en la casa de sus sueños, puede tenerlo en una casa de contenedores marítimos y con mucho estilo. Los pequeños detalles que la gente a menudo se ve obligada a descuidar o aceptar en las casas tradicionales pueden elegirse en las casas de contenedores marítimos, y usted puede personalizarla como quiera. Esto se debe a que hacer una casa de contenedores marítimos es fácil y usted podrá ejecutar el diseño que tiene en mente sin muchas complicaciones.

Muchas empresas lo hacen ahora

Otra ventaja enorme para las casas de contenedores marítimos es que muchas compañías ofrecen servicios para tales hogares ahora. No tiene que preocuparse de hacerlo todo usted mismo o de tener que encontrar un contratista que pueda hacerlo. Debido a su inmensa popularidad actual, y al hecho de que hay millones de contenedores sobrantes en el país, varias empresas han entrado en el negocio, ofreciendo excelentes servicios para ayudar a los propietarios a construir sus casas de ensueño, por lo cual no estará solo en este viaje.

Asequible

Esta es quizás la razón principal por la cual las casas de contenedores marítimos son populares ahora. Puede obtener una casa amueblada y habitable por una fracción de lo que costaría una casa tradicional. Como hemos mencionado antes, una casa promedio puede costarle cientos de miles de dólares, y puede que ni siquiera sea de su agrado, sino más bien una opción dado el presupuesto. Mientras que si usted invierte en su casa de contenedores marítimos, compra numerosos contenedores, añade una tonelada de modificaciones, e incluso paga la ayuda de contratistas profesionales, será significativamente más barato que conseguir una casa tradicional en la zona más barata de la ciudad.

Costos previsibles

La construcción de una casa tradicional suele estar llena de sorpresas. Surgen costos inesperados, desde azulejos caros hasta toques y acabados necesarios que no se veían venir. Con las casas de contenedores marítimos, no es así. La mayor parte del costo es predecible. La mayor parte del trabajo del contenedor se realiza en la fábrica, y esto tiene un precio fijo. Luego están los costos adicionales del envío al lugar de la casa, la colocación de los cimientos, el montaje y otros costos como las conexiones de los servicios públicos y los pisos. Estos últimos también pueden calcularse fácilmente de antemano, por lo que lo más probable es que sepa a qué atenerse.

Construcción rápida

Una casa promedio tarda meses en construirse correctamente, pero una casa de contenedores marítimos puede estar terminada en unas pocas semanas. Esta es otra ventaja que mucha gente empieza a apreciar, especialmente aquellos con situaciones de vida complejas que no pueden permitirse estar sin casa durante mucho más tiempo. Cuando se construye una casa nueva, la emoción y la ansiedad pueden ser difíciles de manejar; lo último que se necesita es esperar gran parte de un año para mudarse. Además, las casas de contenedores marítimos también le ahorran dinero, porque la duración más larga significa pagar a más trabajadores y gastar más recursos. Cuanto menos tiempo tarde la vivienda, más dinero se ahorrará.

Si encarga una casa de contenedores prefabricada, probablemente la recibirá incluso más rápido que si consigue los contenedores y la construye usted mismo. Muchas empresas ofrecen ahora opciones prefabricadas, y puede elegir entre muchos modelos disponibles.

Legal

A algunas personas les preocupa que las casas de contenedores marítimos no sean legales o no cumplan con los códigos de construcción estándar, pero sí lo son. Un contenedor marítimo está diseñado para soportar mucho peso y desgaste, por lo que cumple con la mayoría de los códigos de construcción existentes; es poco probable que sea ilegal en su zona. Solo tiene que conseguir los permisos adecuados (hablaremos de ellos más adelante en el libro) y estará listo.

Sostenible

Una de las mayores y más relevantes ventajas de las casas de contenedores es que son sostenibles y respetuosas con el medio ambiente. Vivimos en un mundo plagado no de una, sino de muchas crisis ambientales, y debe tener en cuenta la sostenibilidad de su nuevo hogar, si no para usted entonces para sus hijos. Los contenedores marítimos cumplen perfectamente tal objetivo. El contenedor promedio está fabricado con un 85% de acero reciclado, lo cual, por sí solo, es uno de los aspectos más sostenibles de esta estructura. Así que, en cuanto adquiere uno, ya está ayudando al medio ambiente.

Las estadísticas demuestran que el exceso de contenedores marítimos en Estados Unidos y en el mundo es de cientos de millones, por lo que no es necesario fabricar nuevos. Está reutilizando algo que ya fue construido para un propósito diferente, lo cual es una de las prácticas fundamentales de la sostenibilidad. Ahora, compare estos contenedores de acero reciclado con el cemento, el hormigón, los ladrillos y la madera, y verá que son una opción mucho mejor para el medio ambiente, y que tienen un impacto mínimo en comparación con los otros elementos.

Duradero

Como hemos mencionado anteriormente, los contenedores marítimos son fuertes y pueden soportar el desgaste durante muchos años. El contenedor promedio soporta más de 26 toneladas de peso, por lo que no hay que preocuparse por su resistencia. El acero con el que están diseñados puede soportar cualquier cosa que se le eche encima, por lo que -aunque no lo crea- los contenedores marítimos se utilizan a menudo como refugios de emergencia durante desastres naturales como terremotos, huracanes o guerras. Esto significa que no tiene que preocuparse de que su casa de contenedores marítimos se vuele con el viento o se desmorone bajo una fuerte lluvia. Llegó para quedarse, y puede durar muchos años si se mantiene adecuadamente.

Hablando de lluvia, estos contenedores también están diseñados para ser estancos, ya que la mercancía transportada podría estropearse si se moja. Es cierto que modificará el contenedor para convertirlo en su hogar, pero con las técnicas adecuadas podrá conservar esa cualidad y mantener su casa de contenedores marítimos a salvo de las condiciones externas.

Fácil de trasladar

Ya sabe que un contenedor marítimo se puede mover o apilar como quiera, lo cual es genial porque puede conseguir unos cuantos y construir su casa con facilidad. También puede mover su casa de contenedores marítimos después de que se haya construido, desmontándola y moviéndola con la ayuda adecuada. Es ciertamente difícil y necesitará mucha consideración, pero se puede hacer. No se puede hacer lo mismo con una casa tradicional: ¿cómo se puede levantar una casa de madera de sus cimientos?

Ahora que ya conoce las ventajas de una casa de contenedores marítimos, debe tener en cuenta otros aspectos. ¿Por dónde empezar?

Capítulo 1: Cómo empezar

Elegir una ubicación

Si ya tiene un terreno que desea utilizar para su casa de contenedores marítimos, entonces no tendrá que profundizar en esta parte. Sin embargo, tiene que estar seguro de que su terreno es apto para albergar los contenedores marítimos y de que su diseño funcionará allí; si no es así, tendrá que buscar una alternativa. También tendrá que estar seguro de que las normas de la zona y los códigos de construcción le permiten construir una casa de contenedores marítimos en esa zona. Si no dispone de terreno, hay ciertos factores que debe tener en cuenta.

Presupuesto

Tiene que establecer un presupuesto para el terreno que va a comprar para su casa. Encontrar un terreno es complicado y no debe preocuparse todavía por el diseño de su casa de contenedor; el momento de hacerlo llegará más adelante. Por ahora, dedíquese a encontrar un terreno que se ajuste a su presupuesto, sin arriesgar el dinero que quiere invertir en la casa en sí. Divida su presupuesto en dos partes, una para el terreno y otra para la casa de contenedor.

Sin embargo, los expertos recomiendan que, si tiene un presupuesto considerable, diseñe primero la casa de contenedores marítimos y luego encuentre un terreno que se adapte a su diseño. Esto le ayudará a encontrar un terreno que se ajuste al diseño. No será fácil, pero merece la pena y le ahorrará tiempo y esfuerzo. ¿Qué otros factores debe tener en cuenta al buscar el terreno?

La zona general

Al comprar una casa tradicional, hay que tener en cuenta el barrio. ¿Hay colegios cerca? ¿Dónde está el hospital más cercano? ¿Es seguro para usted y su familia? ¿Tiene árboles? Piense que se trata de la compra de una casa normal, no de una casa de contenedores marítimos. Considere la ubicación del terreno desde todos los aspectos posibles para estar 100% seguro de que es una zona en la que le gustaría vivir. Sí, tiene un presupuesto para el terreno, pero eso no significa que deba conformarse con cualquier ubicación. Si su casa no es perfecta en cuanto a la ubicación, no solo en cuanto al diseño, entonces debería retrasar la construcción hasta encontrar la mejor ubicación.

Un factor importante relacionado con la zona es la proximidad del terreno a la carretera principal. A muchos propietarios de contenedores marítimos les gusta vivir en zonas rurales o en lugares donde no hay muchos edificios, y eso puede suponer un reto. Es necesario que el terreno esté cerca de una carretera principal por si ocurre algo, y compruebe que haya un acceso fácil para poder salir fácilmente en caso de emergencia.

Tamaño

Suponiendo que le guste el barrio, tiene que considerar el tamaño del terreno. Aquí hay diferentes escuelas de pensamiento. La primera sugiere que primero diseñe su casa de contenedores marítimos -aunque sea teóricamente- o al menos mire los modelos prefabricados, y después intente encontrar un terreno que pueda acomodarse a su diseño. El segundo método consiste en encontrar un terreno que se ajuste a su presupuesto y, a continuación, diseñar su casa de contenedores marítimos para que encaje en ese terreno. Ambos métodos funcionan, pero solo usted debe decidir cuál es el más adecuado para su caso.

Haga los cálculos y averigüe qué método le conviene más. A fin de cuentas, lo que quiere es un terreno del tamaño adecuado para acomodar su casa de contenedores marítimos. No es necesario que sea demasiado grande, pero definitivamente no puede ser demasiado pequeño, o de lo contrario todo el proyecto podría salir mal.

Acceso al agua

Otro factor muy importante en el que debe pensar es el acceso al agua del terreno que está pensando en comprar. ¿Cómo va a abastecer su casa de agua? ¿Hay un pozo cercano o un río? ¿O se abastece de agua de otra fuente? Estas preguntas son importantes en las zonas rurales. Lo último que necesita es comprar un terreno para luego descubrir que es bastante difícil abastecer su casa de agua porque no hay fuentes cercanas.

Tipo de suelo

Construir una casa de contenedores marítimos en un suelo arenoso no sería una buena idea. Usted tiene que saber el tipo de suelo bajo la superficie, para que no exista ningún riesgo para la casa que desea construir. En este sentido, puede ser una buena idea consultar a los expertos después de hacer analizar una muestra de suelo. A no ser que entienda de suelos, necesitará a alguien con los conocimientos necesarios para que le guíe en esto.

¿Es la única construcción no estándar?

Si encuentra un terreno que se ajusta a la descripción y parece excelente para lo que tiene en mente, inspeccione la zona en busca de otras construcciones no estándar como otras casas de contenedores marítimos, cobertizos, cabañas y remolques fijos. Esto le mostrará qué tan fácil puede ser conseguir un permiso, porque si ellos pueden hacerlo, usted también. Encontrar edificios no convencionales indica lo abierta que es la construcción en una zona.

Cómo elegir el contenedor marítimo adecuado

aNo todos los contenedores marítimos son iguales, y tiene que examinar los que va a conseguir para su casa. Estos son algunos factores que tiene que considerar al buscar un contenedor marítimo.

1. Grados y condiciones

Hay diferentes grados y condiciones de los contenedores marítimos, y usted tiene que entender los detalles porque va a elegir entre esas categorías y utilizar el contenedor como su casa. Este conocimiento es común para las personas que trabajan en el mundo de la carga y el transporte marítimo, pero la calidad y la integridad estructural de su casa de contenedores marítimos dependerá de su elección del grado; ¡infórmese al respecto! Los contenedores marítimos se dividen generalmente en dos categorías principales: nuevos y usados. Que sea usado no significa que sea de mala calidad, y viceversa. Tendrá que hacer más inspecciones de cualquier manera, para que encuentre la mejor opción para su hogar.

Contenedor de un solo uso: Como su nombre indica, estos fueron fabricados, cargados con una sola carga, y luego enviados a su destino y vendidos sin más uso. Técnicamente se consideran contenedores nuevos porque han experimentado poco desgaste o pocos viajes por carretera/agua, y suelen estar en excelentes condiciones. Tendrá que pagar un poco más por ellos, pero vale la pena el precio porque obtendrá un contenedor en muy buen estado o «como nuevo», como dicen los expertos.

Reacondicionado: Los contenedores reacondicionados son otro ejemplo de «tan bueno como nuevo», pero no hay un estándar de la industria en cuanto a lo que se puede llamar reacondicionado, por lo que tendrá que preguntar para entender lo que significa exactamente en el caso de este contenedor. Preguntará al vendedor qué pasos han seguido para reacondicionar dichos contenedores, y si cumple con las normas de seguridad de la industria (pida una prueba de cumplimiento para estar 100% seguro de que es seguro).

Nuevos: Estos contenedores nunca se han utilizado para transportar carga y deben estar en excelentes condiciones. Un contenedor nuevo se fabrica para que usted lo reciba directamente de la fábrica, aunque seguirá necesitando la certificación adecuada cuando se lo envíen, ya que tiene que cumplir con las normas y reglamentos de seguridad. Consejo profesional: el exterior de un contenedor marítimo nuevo puede mostrar desgaste, ya que igual será manipulado en los puertos para su envío, pero el interior debe estar en perfectas condiciones, ya que nunca se ha utilizado para transportar carga.

Usado: Es una historia un poco diferente con los contenedores usados porque no se puede saber cuánto tiempo se han utilizado. Este término incluye cualquier contenedor, desde los que se han usado dos veces hasta los que han tenido años de servicio. Si va a adquirir un contenedor usado, debe asegurarse de que está en buenas condiciones y no ha sufrido un desgaste significativo que no pueda repararse, ya que esto podría poner en peligro su integridad estructural. Existen algunas categorías dentro de los «contenedores usados».

Digno de carga (CW)

Si un contenedor usado cumple con los requisitos exigidos y tiene la certificación necesaria, se considerará apto para transportar carga. En este caso, podría considerar un contenedor de este tipo para su hogar, ya que tendrá el mismo rendimiento que un contenedor nuevo en términos de transporte de cargas.

Resistente al viento y al agua (WWT)

Esta es otra fase del ciclo de vida de un contenedor marítimo que debe comprender. Hay pocas diferencias, si es que hay alguna, entre los contenedores aptos para la carga (CW) y los resistentes al viento y al agua (WWT), al menos para el ojo inexperto. Por lo general, se considera que el contenedor WWT está en una forma ligeramente peor que los contenedores CW, al menos estéticamente. Puede tener algunos arañazos o abolladuras más, dependiendo de su estado. Los contenedores WWT siguen considerándose muy funcionales y en excelente estado, y también son muy económicos, por lo que es posible que quiera considerarlos para su casa de contenedores marítimos. Lo mejor es que incluso pueden mejorarse con pequeños trabajos de reparación.

Contenedores en cualquier estado

Esta es la fase final del ciclo de vida de un contenedor marítimo, y significa que no tiene garantías. No estará al nivel de los estándares CW y WWT, y no puede esperar las mismas funciones. Los contenedores tal y como están suelen tener daños bastante notables, lo cual es una de las razones por las que no pueden clasificarse como WWT. Lo más probable es que sean demasiado viejos para encajar en una categoría superior, incluso con reparaciones. Si está pensando en adquirir un contenedor de esta categoría, debe asumir siempre lo peor. Haga que lo inspeccionen a fondo, visite el contenedor para verlo usted mismo, pregunte sobre las especificaciones y cualquier problema de conformidad con este contenedor.

Entonces, ¿cuál es la mejor opción? Hay muchos factores que entran en juego, empezando por el presupuesto. Muchos expertos afirman que los contenedores de un solo viaje pueden ser la mejor opción porque se han utilizado para una sola carga transportada hacia su destino final. Los contenedores de un solo viaje y los nuevos suelen utilizarse indistintamente. La ventaja de adquirir un contenedor de un solo viaje es que tendrá un buen descuento en comparación con uno nuevo, lo que sin duda ayuda.

Los contenedores reacondicionados se someten a un proceso de renovación exterior, sobre todo, para mejorar su valor estético. Así, se eliminan abolladuras, arañazos o cualquier otro problema de la superficie del contenedor para que resulte más atractivo a los posibles compradores. Dependerá sobre todo del vendedor local, ya que suele encargarse del aspecto de la renovación, que puede servir para mejorar la calidad del contenedor. A diferencia de los contenedores reparados, a los que se les hacen reparaciones y, muy probablemente, se les añaden piezas de recambio. Estos pueden tener un aspecto un poco feo, pero en su mayoría cumplen con las normas de seguridad y fabricación, y cumplen con su cometido.

En cuanto a los contenedores CW y WWT, también son buenas opciones a tener en cuenta, ya que pasan las pruebas de certificación y calidad, y son duraderos, aunque pueden estar en peor estado que las opciones anteriores. Esto se debe a que son contenedores usados, a diferencia de las opciones nuevas o casi nuevas mencionadas anteriormente. En cuanto a los contenedores «en cualquier estado», es una opción con la que hay que tener cuidado porque lo más probable es que no sean muy fiables. En la siguiente tabla, exploraremos los pros y los contras de estas opciones.

	Nuevo/de un solo uso/reformado	Carga digna	Resistencia al viento y al agua	En cualquier estado
Condición	Estado impecable o casi impecable, pintura fresca, sin arañazos ni abolladuras o con un mínimo	Buen estado, con algunos arañazos y abolladuras, y posible óxido superficial. Pintura descolorida	Estado aceptable, muchos arañazos y abolladuras, y pintura descolorida	Utilizable, pero no en muy buen estado. Muchas abolladuras, arañazos y posibles agujeros en el suelo. Pintura descolorida
Resistencia al viento y al agua	Sí	Sí	Sí	No garantizado
Puertas en funcionamiento	Sí	Sí	Sí	No garantizado
Fácilmente modificable	Sí	Sí	Sí	Necesitará reparaciones
Agujeros en el suelo	No	No	No	No garantizado

Ventajas	1.Fácil de modificar	1.Más disponibles	
	Este contenedor es mucho más fácil de modificar que todos los demás, ya que tiene un mínimo de arañazos y no tiene abolladuras, por lo que nada interferirá con sus modificaciones.	Una de las mayores ventajas de los contenedores usados, ya sean CW o WWT, es que están fácilmente disponibles. No importa en qué parte del mundo viva, probablemente pueda encontrar fácilmente contenedores usados en algún lugar de su entorno, lo que no es tan fácil con los contenedores nuevos o de un solo uso. Esto significa que no tendrá que sufrir una larga búsqueda para encontrar un contenedor usado, y podrá trabajar en su casa desde el principio.	Se utilizan contenedores en cualquier estado, por lo que tienen las mismas ventajas que los contenedores CW o WWT, pero tienen más defectos.
	2.Se requieren mínimas reparaciones	**2.Más barato**	
	Otra gran característica de los contenedores nuevos es su aspecto, y el hecho de que requieren mínimas reparaciones, si es que alguna. Todo funciona: los suelos están en buen estado, el techo ofrece la protección necesaria, etc.	La principal razón por la que la gente recurre a los contenedores marítimos usados es que probablemente sean más asequibles en comparación con los nuevos. La calidad será el factor decisivo en lo grande que será la diferencia de precio, pero un contenedor usado siempre será más barato.	

3.Más duraderos Como estos contenedores se encuentran en una fase más temprana de su ciclo de vida, vivirán más tiempo. Son más duraderos, y le garantizan una mayor vida útil, ya que aún tienen muchos años por delante. **4.Más seguro** Con los contenedores más nuevos, no tiene que preocuparse por el historial del contenedor o por lo que pueda haber pasado, como transporte de materiales tóxicos o tener un defecto oculto.	**3.Mejor para el medio ambiente** Aunque el concepto de los contenedores marítimos, en general, es mejor para el medio ambiente, cuando se utilizan contenedores usados, se presta un mayor servicio a la madre naturaleza. Está reutilizando un contenedor de acero, sin pedirle a una fábrica que produzca uno nuevo, lo que sin duda es mejor para el medio ambiente. Básicamente, estará utilizando un contenedor que, de otro modo, estaría almacenado sin uso.	

Desventajas	Más caro que otras opciones disponibles	Los contenedores marítimos usados no son tan prístinos como los nuevos, lo que se notará, estéticamente hablando. Y lo que es más importante, puede que sea más complicado modificar los contenedores, ya que puede haber una abolladura aquí o un golpe allá que requiera reparaciones primero antes de poder ponerse a trabajar en el contenedor. También es posible que no tenga un historial claro de contenedores marítimos, quizás fueron utilizados durante mucho tiempo, por lo que podrían haber transportado materiales peligrosos que no querría en su casa de contenedores marítimos.		No hay garantías con los contenedores «en cualquier estado», así que estará tirando los dados. Es posible que encuentre uno en un estado relativamente aceptable que se pueda reparar para que sea habitable, pero no es algo seguro y es posible que lo encuentre con las complicaciones esperadas.
Veredicto	Mejor condición	Bueno, cumple los requisitos	Adecuado para almacenar, no se puede utilizar para envío	Nada está garantizado

2. Certificación CSC

Hemos mencionado la palabra «certificación» varias veces, pero ¿de qué tipo estamos hablando? Tiene que entender estos detalles porque debe comprobar el contenedor que va a comprar para asegurarse de que está certificado por el CSC. Los contenedores se inspeccionan con regularidad, ya que deben cumplir las normas de seguridad. La más importante de esas inspecciones es el control del Convenio Internacional para la Seguridad de los Contenedores

(CSC), que otorga a los contenedores la certificación que demuestra que pueden ser transportados y cargar mercancías.

En los años 70, el CSC decidió que los contenedores necesitan un sistema de mantenimiento y revisiones, reparaciones e inspecciones periódicas para que puedan cumplir una determinada norma y garantizar la seguridad de todos los que participan en su manipulación, desde el público hasta los cargadores. Entonces, ¿cómo puede saber si el contenedor cumple con el CSC? Comprobando la placa de datos montada delante del contenedor con todos los datos necesarios. Esta placa CSC tendrá toda la información que necesita saber sobre el contenedor, como el propietario (código BIC), y lo más importante, una aprobación de seguridad CSC.

3. Calcomanías

Aunque una calcomanía es una pegatina inofensiva que se puede quitar fácilmente de su contenedor marítimo, lo crucial es lo que significa la calcomanía. Como hemos dicho antes, algunos contenedores marítimos usados pueden haber transportado materiales peligrosos cuando estaban en servicio, algo que debe tener en cuenta. Estos materiales peligrosos pueden haberse filtrado al suelo o a las paredes del contenedor, lo que puede ser problemático. Afortunadamente, las empresas que venden contenedores tienen que marcarlos con calcomanías que indican que fueron utilizados para transportar sustancias posiblemente tóxicas.

Aunque eso es tranquilizador, nunca se sabe si hay algo mal en los registros o si se utilizó para transportar esos materiales antes de ser usado para trasladar otras cosas menos peligrosas. Por ello, merece la pena comprobar el historial del contenedor y preguntar sobre cualquier incidencia de este tipo. Incluso si el contenedor se utilizó para transportar productos químicos peligrosos, es un problema que se puede superar, pero es necesario conocer ese hecho para poder abordar el problema.

4. Tamaño

Hay diferentes tamaños para los contenedores marítimos, pero al menos conozca las medidas básicas o estándar de la unidad. Las longitudes más comunes son los contenedores de 20 y 40 pies, siendo el de 20 el más versátil y fácil de conseguir. Un contenedor de 20 pies ofrece alrededor de 160 pies cuadrados de espacio, mientras que el de 40 pies ofrece el doble de espacio con 320 pies cuadrados.

Luego están los contenedores *high cube*, que son más altos que un contenedor marítimo estándar. A menudo son más altos por un pie. Aunque vienen en las mismas longitudes, los contenedores *high cube* ofrecen un mayor volumen debido a ese pie extra de altura, aumentando su tamaño total. Por ello, los contenedores altos son los más utilizados en las casas de contenedores marítimos, ya que ofrecen una sensación de mayor espacio. Esta altura extra en el techo los ha hecho muy populares teniendo en cuenta que ese pie ayuda a la gente a sentirse menos claustrofóbica en comparación con un contenedor estándar sin la altura adicional.

Entonces, ¿por cuál de ellos debería decidirse? Eso dependerá de varios factores, empezando por su diseño. Si el diseño implica techos altos, el contenedor *high cube* es la mejor opción. Por el contrario, si la altura del techo no influye en su diseño, pero sí la longitud, entonces opte por un contenedor estándar de 40 pies. También querrá saber si el contenedor que tiene en mente se puede apilar. Lo más probable es que sea posible porque los contenedores marítimos están diseñados con opciones de apilamiento de hasta 9 contenedores; aun así, pregunte siempre.

5. Costo

El último factor que influirá en el contenedor marítimo que elija es el costo. El presupuesto lo es todo cuando se trata de comprar un contenedor para su casa porque esto es solo la punta del iceberg. Todavía tiene muchos costos que cubrir, y tiene que asegurarse de que está dentro de su presupuesto.

Nota: estas cifras son promedios; pueden ser ligeramente más baratas o más caras que las de su proveedor local.

	Nuevo (un viaje)	Usado
Tipo de contenedor		
Estándar de 20 pies	$3,000	$2,100
Estándar de 40 pies	$5,600	$2900
High cube 20 pies	$3,300	$2,300
High Cube de 40 pies	$6,000	$3,000

Conseguir un contenedor nuevo será más caro que uno de un solo uso. Sin embargo, como habrá notado, la diferencia entre el contenedor usado y uno nuevo no es tanta, así que tiene que recordar y decidir (según su presupuesto) si quiere una mayor calidad por esa diferencia o no.

Cómo inspeccionar un contenedor

Si ha comprobado todos los puntos anteriores y ha encontrado un par de contenedores marítimos que le gustan, todavía tiene que inspeccionarlos primero antes de comprar alguno. La inspección de un contenedor marítimo no es complicada, pero hay que hacerla de forma ordenada para asegurarse de haber cubierto todos los puntos. Estos consejos le ayudarán a asegurarse de que no surjan problemas inesperados con los contenedores marítimos después de haberlos comprado.

1. Compruébelo usted mismo

Una de las mejores cosas que puede hacer por usted y por su futura casa de contenedores marítimos es ir a ver los contenedores en persona. Si hay un vendedor local al que pueda ir en coche, hágalo. No tome el atajo y se conforme con las fotos o los vídeos, porque puede que no siempre lo muestren todo, y puede que se encuentre con problemas inesperados que no aparecen en las imágenes. Si no puede ir usted mismo hasta el proveedor, pídale que filme partes concretas del contenedor -de lo que hablaremos más adelante- para asegurarse de que no existen los problemas habituales. Nunca se conforme con fotos o vídeos pregrabados, ya que podrían no mostrar los ángulos críticos que necesita ver.

2. Examinar la integridad estructural

Aunque hay otros aspectos específicos de un contenedor marítimo resistente que también tendrá que inspeccionar, nada es más importante que la integridad estructural del acero. Si esta se ve comprometida, podría ser peligroso para la casa y para todos los que viven en ella. Un contenedor marítimo se apoya en 12 vigas de acero, que le dan la fuerza estructural que necesita para soportar cargas tan intensas. Esas vigas, que forman los bordes de las seis caras de un contenedor, deben estar en excelente estado y sin compromisos. No se pueden sacar esas vigas para inspeccionarlas, así que hay que hacer un examen superficial; aun así, tiene que ser minucioso.

El óxido superficial no es algo que deba preocuparle, pero si ese óxido se adentra en el cuerpo de la viga y viene acompañado de corrosión, entonces podría tratarse de un contenedor defectuoso con la integridad estructural comprometida.

3. Puertas

Las puertas de los extremos son la única parte mecánica del contenedor, lo que las pone en gran peligro de sufrir óxido o corrosión, así como otros problemas de unión que podrían inutilizar la puerta. Cuando inspeccione el contenedor, debe comprobar a fondo las puertas para asegurarse de que se abren por las bisagras sin problemas y de que se cierran correctamente. Asegúrese de que no falte ninguna pieza alrededor de la puerta porque habrá que sustituirlas o de lo contrario la puerta podría dañarse.

4. Parte inferior del contenedor

La mayoría de la gente se olvida de comprobar la parte inferior del contenedor, asumiendo que no es importante, pero ofrece el soporte principal para que aguante las cargas. La parte inferior consta de vigas transversales que tienen la anchura del contenedor, y el suelo de madera contrachapada del contenedor está atornillado a esas vigas transversales. También tendrá que inspeccionar esas vigas para asegurarse de que están en buen estado y no hay ninguna complicación.

Es crucial que busque óxido allí, ya que esas vigas son las más expuestas a la humedad y están fuera del alcance del sol, así que, si es un contenedor usado, seguro que encontrará óxido. La pregunta es: ¿qué tan grave es? La buena noticia es que puede arreglar cualquier daño que haya ahí abajo, aunque hay que detectarlo a tiempo o, de lo contrario, podría causar problemas más adelante. Consejo profesional: tenga mucho cuidado cuando examine la parte inferior de un contenedor. Nunca se ponga de pie o se acueste directamente debajo de él; utilice una cámara u otras herramientas de fotografía en su lugar.

5. Techo

Ahora que ha comprobado la base del contenedor, es el momento de comprobar el techo. Suele ser de metal ondulado y tendrá un aspecto diferente al de las paredes. Deberías poder subirte a la parte superior del contenedor para echar un buen vistazo al techo y asegurarte de que es aceptable. Busque abolladuras y arañazos que puedan ser demasiado profundos. Asegúrese de que el óxido existente está solo en la superficie y no se ha filtrado en la estructura del acero, ya que eso será problemático. También debe comprobar si el techo es impermeable, pero antes debe hacer la inspección interior. Consejo profesional: si piensa poner otro contenedor encima de este, la mayoría de estas comprobaciones no serán necesarias, ya que el techo estará cubierto de todos modos. No pierda el tiempo haciendo comprobaciones e inspecciones que resultarán inútiles una vez que su casa de contenedores marítimos esté terminada.

6. Paredes

En términos de apariencia, las paredes pueden ser la parte más importante del contenedor, ya que constituyen la mayor parte de lo que la gente ve cuando mira un contenedor marítimo. Por lo tanto, hay que tener en cuenta esto al comprar uno. Tanto las paredes laterales como las de los extremos del contenedor están hechas de acero corrugado, responsable de su resistencia estructural. Compruebe que las paredes no estén oxidadas, como hizo con otras partes del contenedor, y si está ahí, asegúrese de que solo está en la superficie. Cualquier problema que se produzca en la profundidad de las paredes puede ser problemático, y un agujero es definitivamente un gran problema.

Puede arreglar un agujero, pero no será el último que se le presente si las paredes ya están en ese estado. Para saber si las paredes tienen óxido arraigado, utilice un martillo para golpear la zona en cuestión. Si se desprenden grandes trozos de acero, entonces la integridad estructural de las paredes está comprometida. Las abolladuras en las paredes también pueden ser bastante molestas y podrían entorpecer sus planes. Si la abolladura está en el exterior, es posible que no pueda poner un contenedor al lado. Si las abolladuras están en el interior, podrían interferir con su diseño para el interior del contenedor. Por eso debe asegurarse de que las abolladuras, si las hay, sean pequeñas y no sean una molestia una vez que comience la construcción de su casa.

7. Interiores y suelos

Después de terminar con el exterior y los suelos de su contenedor, tiene que pasar al interior de la misma manera. Las paredes interiores tienen que estar en buen estado, sin óxido ni abolladuras graves, y el marco estructural y sus vigas tienen que ser sólidos, sin dobleces ni otros problemas visibles. Hay una prueba muy eficaz que puede realizar para comprobar si alguna fuga puede poner en peligro la impermeabilidad del contenedor. Cierre el contenedor lo mejor que pueda estando usted dentro, y busque si hay alguna filtración de luz en el contenedor oscuro mientras está allí. Si hay alguna, entonces hay una alta probabilidad de que el contenedor no sea impermeable y necesitará reparaciones y parches para solucionarlo. Evidentemente, esta prueba debe realizarse durante el día para poder ver si se cuela alguna luz en el interior.

Por último, pero no menos importante, hay que inspeccionar a fondo los suelos, ya que son básicamente tan importantes como los de una casa tradicional. Los contenedores marítimos tienen diferentes tipos de suelo, pero el más común es el de madera contrachapada. ¿Por qué es fundamental prestar especial atención a los suelos? Pues porque pueden absorber materiales, ya que es la única parte del contenedor con permeabilidad. Como hemos dicho antes, no tiene ni idea de lo que se transportó en el contenedor unos meses antes, y puede que sean productos químicos. Por lo tanto, cierre las puertas por un tiempo y luego entre y haga una prueba de olor. Si huele a productos químicos o a moho, entonces hay un problema con los suelos. Puede que solo haya absorbido el producto químico, pero también puede significar que hay una fuga en el suelo. En cualquier caso, asegúrese de que el olor no sea demasiado fuerte. Puede que no sea un problema grave, pero si tiene opciones para elegir, aléjese de los contenedores que huelen mal por dentro; ese olor podría indicar la presencia de moho o productos químicos.

Con esta inspección minuciosa, junto con la placa CSC mencionada anteriormente que proporciona un historial detallado del contenedor, debería tener una buena idea del estado en que se encuentra el contenedor y si tendría que seguir adelante con la compra.

¿Qué contenedor debería comprar?

Llevamos un buen rato hablando de los diferentes tipos de contenedores y de los pros y los contras de cada uno, de los factores que afectan su elección y de cómo inspeccionar adecuadamente un contenedor marítimo. Con estos puntos en mente y un presupuesto, sus opciones deberían ser algo más reducidas, y podrá responder a la pregunta de qué contenedor debería comprar. Sabiendo todo esto, ¿debería comprar cualquier contenedor que se ajuste a la descripción y esté en buenas condiciones? No antes de responder a las siguientes preguntas.

Pregunta	Indicadores
1 ¿Le preocupa el aspecto y la estética del contenedor?	Si es así, debería optar por un contenedor nuevo o de un solo uso; de lo contrario, perderá tiempo modificando uno más antiguo para que quede mejor.
2 ¿Existe la posibilidad de mudar la casa de contenedores?	En este caso, opte por contenedores aptos para la carga, ya que pueden soportar el traslado sin comprometer las cargas ni la integridad estructural de su casa.

3 ¿Quitará grandes trozos de las paredes para crear espacios abiertos más grandes?	A continuación, las paredes del contenedor tienen que estar en excelente estado, y tiene que comprobar a fondo la integridad estructural de las vigas de soporte principales para asegurarse de que no va a comprometer el resto de las paredes.
4 ¿Cambiará los suelos de alguna manera?	En este caso, los daños en los suelos de madera contrachapada existentes son insignificantes, ya que los sustituirá o añadirá un suelo acabado sobre ellos.
5 ¿Va a añadir un techo independiente?	En este caso, cualquier daño en el techo del contenedor no debe preocuparle porque no tendrá importancia.

6 ¿Va a utilizar varios contenedores?	Si es así, siempre es aconsejable comprarlos todos a la misma naviera para asegurarse de que las diferencias de medidas o condiciones sean mínimas, lo que le facilitará apilar varios contenedores y construir una casa con más de uno.

Ahora, debe saber todo lo necesario antes de comprar contenedores marítimos para construir su casa. Puede parecer mucho, pero este es posiblemente el paso más importante de todo el proceso de construcción. Si consigue los contenedores adecuados, lo que sigue será más fácil y fluido. Así que tómese su tiempo con este paso y hágalo bien.

Permisos

No puede limitarse a comprar un par de contenedores y colocarlos en su terreno como si fueran una casa. Si va a construir una estructura residencial, primero tiene que comprobar las leyes de su zona para asegurarse de que es legal construir la estructura que quiere. Después, tiene que conseguir los permisos necesarios para estar 100% seguro de que se cumple la normativa. Conseguir los contenedores adecuados para su casa es solo la primera fase de este proyecto, y hay algunas más antes de que finalmente tenga una casa de contenedores marítimos. En esta sección, exploraremos el tipo de permisos que podría necesitar para construir una casa de este tipo, y proporcionaremos ejemplos de leyes de zonificación que podrían dificultar su avance.

Factores que afectan a la legalidad de una casa de contenedores marítimos

Conseguir el permiso necesario para una casa de contenedores marítimos no es tan sencillo como solicitarlo. En algunos países, nombrarán a un inspector de construcción de la ciudad para que venga a ver el lugar y la estructura para asegurarse de que todo sea legal. Hay factores que deben ser aprobados antes de que pueda obtener el permiso.

Seguridad de la ubicación: La primera gran preocupación es la seguridad. Hay ciertas cosas que inspeccionarán para asegurarse de que la propiedad no supone ningún riesgo para sus habitantes ni para nadie en los alrededores. En el caso del terreno, esto significa que podrían inspeccionar el suelo para verificar la estabilidad de la superficie y asegurarse de que el terreno no se derrumbará bajo cargas pesadas. También comprobarán si existe algún riesgo de levantamiento o vuelco.

Seguridad estructural: A continuación, comprobarán la estructura para asegurarse de que está en buen estado y no corre riesgo de derrumbarse. Comprobarán que el anclaje y la resistencia al viento sean correctos, así como cualquier otro factor que pueda comprometer la seguridad estructural de la casa de contenedores marítimos.

Normativa de construcción

Los contenedores marítimos comparten los mismos requisitos y reglamentos impuestos a los edificios normales en la mayoría de los países. Esto significa que tienen que ser zonificados adecuadamente y seguir las regulaciones establecidas por la ciudad al igual que cualquier otra construcción. Estas son algunas de las regulaciones que podría tener que contemplar, dependiendo del lugar del mundo en el que se encuentre.

1. Zonificación de la propiedad

Probablemente haya encontrado el término «zonificación» bastantes veces, pero ¿qué significa? La zonificación consiste en que una ciudad divide distintos terrenos de gran tamaño en zonas o secciones que pueden albergar determinados tipos de estructuras. A menudo es la ciudad la que se encarga de la zonificación, ya que es su forma de determinar cómo puede avanzar el crecimiento de la ciudad y los planes de desarrollo para un lugar determinado. También es una forma de agrupar edificios similares y así controlar la densidad o la distribución de ciertas estructuras. Por ejemplo, la zonificación determina qué partes de la ciudad se destinarán a edificios comerciales y qué otras zonas serán barrios residenciales.

2. Códigos de construcción

Para construir cualquier estructura, hay ciertos códigos que hay que seguir para garantizar que se cumplen ciertas normas de construcción. Las casas residenciales tienen un conjunto de códigos, al igual que los edificios de oficinas o los rascacielos y casi cualquier estructura que exista. Un contenedor marítimo es una de esas estructuras, por lo que tendrá que solicitar los permisos de construcción pertinentes para demostrar que su propiedad cumple con los códigos de construcción correspondientes. Estos códigos a veces se basan en versiones internacionales que establecen el estándar para cosas como la electricidad, la fontanería y la protección contra incendios, por lo que hay que seguirlos.

3. Códigos de construcción móviles, modulares y manufacturados

Las casas de contenedores marítimos no son una casa estándar, por lo que se les pueden aplicar diferentes códigos, y es necesario identificarlos para poder cumplirlos. El problema es que descubrir la diferencia entre las casas móviles, modulares y manufacturadas puede ser un poco complicado, por lo que necesita entender las tres cosas cuando solicite los permisos adecuados. Las casas prefabricadas se conocían originalmente como casas móviles, pero eso cambió en los años 70. Este tipo se refiere a las casas montadas sobre el chasis de un remolque. Estas casas se construyen en una fábrica y luego se envían a la ubicación de la propiedad en un chasis para que puedan instalarse.

Las casas modulares, por su parte, se construyen en una fábrica, pero se transportan al lugar de la vivienda para su montaje sobre una base más permanente. Cada tipo tiene ciertos códigos y normas, y es necesario que entienda cuáles son los que debe seguir su casa de contenedores marítimos para que pueda trabajar en la obtención de los permisos necesarios.

Cómo empezar

Sin entrar en demasiados detalles, cada ciudad de cada país del mundo tiene su propio conjunto de normas y reglamentos de zonificación, y no podemos enumerarlos. Para no agobiarle, debe saber por dónde empezar y cómo puede trabajar para conseguir los permisos para poder construir su casa. Debería trabajar para conseguirlo lo antes posible. No hay normas que le digan descaradamente que no debe construir casas de contenedor, pero ciertas regulaciones podrían obligarle a alterar su diseño o a cambiar de opinión sobre algo relacionado con la casa. Por eso hay que conseguir primero los permisos y luego empezar la construcción, y no al revés.

1. Infórmese sobre las entidades pertinentes

No puede esperar obtener los permisos necesarios sin saber dónde solicitarlos o con quién debe tratar. Cada país tiene sus propias entidades pertinentes que se ocupan de las leyes de zonificación y conceden los permisos de construcción; infórmese sobre las que le rodean para evitar costosas sorpresas en el futuro. Si quiere construir una casa en un contenedor marítimo en Estados Unidos, por ejemplo, su primer destino debería ser la oficina de obras públicas. El problema de construir cualquier cosa en Estados Unidos es que siempre necesitará un permiso de construcción si está dentro de los códigos de zonificación. Cuando vaya al departamento de obras públicas, le informarán de la zona en la que se encuentra su terreno y de los requisitos necesarios para seguir adelante. Existe la pequeña posibilidad de que su ubicación esté fuera de los códigos de zonificación, y en este raro caso no necesitará permisos de construcción, por lo que puede seguir adelante y construir. Uno de los problemas de construir en estos lugares es que no siempre tienen acceso a agua o a instalaciones eléctricas, y el internet probablemente será un reto; son desventajas que debe recordar.

En cuanto al Reino Unido, debe obtener el permiso del ayuntamiento, o de lo contrario podría encontrarse en una situación difícil, obligado a cambiar su diseño o a hacer otros cambios importantes que pueden costarle mucho tiempo, dinero y esfuerzo. Cualquier estructura en el Reino Unido requiere del permiso del ayuntamiento, así que recuerde siempre obtenerlo primero antes de seguir adelante con su casa de contenedores marítimos. Ellos le informarán de cualquier requisito o código que deba cumplir para que su estructura cumpla con la normativa, lo que le ayudará a avanzar fácilmente.

2. Entienda lo que puede estar regulado

Dependiendo del lugar del mundo en el que se encuentre, hay ciertas partes o elementos de su casa que podrían estar regulados o sujetos a códigos de construcción, y tiene que entenderlos de antemano para poder tomar las medidas necesarias. Es posible que los siguientes requisitos no se apliquen en su país, pero algunos (o todos) sí.

Accesibilidad: Algunos códigos de construcción exigen que su casa de contenedores marítimos sea accesible para las personas con discapacidad; es posible que tenga que cumplir algunos requisitos para conseguirlo antes de obtener los permisos.

Compensaciones: Esto es algo que debe saber antes de conseguir el terreno (o los contenedores si ya tiene el terreno). La distancia desde el límite de la propiedad hasta el borde de la casa o las estructuras adyacentes puede estar limitada por la normativa, por lo que también debe conocerla para poder diseñar su casa o elegir el terreno en consecuencia.

Aspecto: En algunas zonas, el color o incluso el estilo y los materiales utilizados para construir la casa pueden estar sujetos a determinadas normas de construcción o a los estatutos de la comunidad de propietarios, por lo que hay que conocer las directrices generales de aspecto antes de comenzar el proceso de construcción.

Dimensiones: Al igual que con un edificio regular, lo más probable es que haya ciertas dimensiones que no puede exceder para su casa de contenedores marítimos. No puede apilar nueve contenedores uno sobre otro y bloquear la vista de sus vecinos. Desde los metros cuadrados hasta la altura máxima permitida, hay restricciones de tamaño que debe conocer.

Servicios públicos: La fontanería, la electricidad y los sistemas de calefacción, ventilación y aire acondicionado probablemente tengan códigos y requisitos que cumplir, y tiene que conocerlos antes de instalar esos sistemas en su casa de contenedores marítimos.

Paisajismo: Aunque a todos nos gustaría plantar tantos árboles y flores alrededor de nuestras casas como sea posible, no es tan sencillo. El paisajismo también tiene ciertos requisitos que pueden limitar sus opciones, y no se trata solo de los árboles que puede plantar, sino también de los que puede retirar para que su construcción siga adelante.

Seguridad: La mayoría de los códigos de construcción tienen ciertos requisitos de protección contra el fuego y el humo. Es posible que los códigos exijan algunos detectores de humo y de un tipo determinado, además de otras implementaciones de seguridad que podrían ser necesarias también dependiendo del lugar en el que se encuentre, como los detectores de monóxido de carbono.

Integridad estructural: los códigos de construcción también pueden incluir el cumplimiento de ciertas medidas para garantizar la protección contra las cargas de viento y nieve y la resistencia al agua, y tendrá que cumplirlas por su propia seguridad, no solo para obtener el permiso de construcción.

3. Documentos que puede necesitar

Para solicitar un permiso de construcción, hay documentos generales que necesitará, así que tiene que tenerlos en orden. Dependiendo del lugar en el que se encuentre, es posible que necesite más o menos de estos documentos, pero, en cualquier caso, tiene que estar preparado con todo el papeleo necesario para poder seguir pronto con el proceso de construcción.

Plano del terreno: Para que las autoridades competentes puedan estar seguras de que cumple las normas de construcción, asegúrese de tener la versión original del plano del terreno, y varias copias por si acaso.

Planos de ingeniería estructural y aprobación: No todo el mundo es capaz de elaborar unos buenos planos de ingeniería estructural, por lo que necesitará a un experto. También será necesario para obtener el permiso de construcción, de modo que las autoridades competentes puedan estar seguras de que no va a construir algo que pueda ser peligroso para usted y para todos los implicados.

Hay otros documentos que necesitará, como los planos de trabajo con todas las dimensiones que muestren en detalle cómo será su casa de contenedores. También necesitará planos de la normativa de construcción hechos a escala. Es de esperar que se le pida antes y después de las elevaciones para mostrar cómo su estructura va a cambiar la ubicación. Estos son solo los documentos generales que debe tener preparados, independientemente del lugar del mundo en el que se encuentre. Es posible que le pidan más, pero lo más probable es que los mencionados anteriormente siempre le resulten útiles si los tiene a mano; le preguntarán por estas cosas.

Capítulo 2: Planificación

Autoconstrucción o construcción con contratista

Ahora que tiene los permisos necesarios y ha seleccionado unos cuantos contenedores marítimos, es el momento de empezar a diseñar su casa. Pero antes de entrar en materia, hay una pregunta muy importante que debe hacerse. ¿Debe embarcarse en este viaje usted mismo con una mentalidad de bricolaje, o debe conseguir contratistas para ayudarle a hacer el trabajo? No hay una respuesta sencilla, y cada método tiene sus pros y sus contras. Dependiendo de su situación y de su presupuesto, tendrá que elegir entre hacerlo usted mismo o contratar a profesionales para que le ayuden.

1. HÁGALO USTED MISMO

Pros

Más barato: la mayor ventaja de un método de bricolaje y la razón por la que muchas personas lo eligen es que es simplemente mucho más barato. No gasta dinero en contratistas y diseñadores para hacer su casa de contenedores, sino que lo hace usted mismo. Con el dinero que se ahorra se pueden comprar muebles más elegantes y mejorar el diseño, algo que muchos prefieren, ya que la calidad de la casa es lo primero.

Confianza en el resultado: Cuando construye la casa usted mismo, sabe cómo se ha hecho todo, hasta la instalación de las bombillas. No tiene que pagar contratistas que podrían preocuparse más por el dinero que por hacer el trabajo bien, y puede estar seguro de que no tomaron atajos. Es mucho más tranquilizador en cuanto a los aspectos críticos del proceso de construcción, como el tejado y el aislamiento, porque sabe que se han hecho bien, así que no tendrá que preocuparse por conseguir a alguien que arregle cualquier problema unos meses después.

Libertad creativa: Al diseñar su propia casa, tiene pleno control creativo. Podría pensar que ocurre lo mismo con los contratistas, pero no siempre es así. La mayoría de las veces toman decisiones que no se ajustan a su visión de la casa, pero esto no ocurre cuando lo hace usted mismo. Puede diseñar el contenedor como quiera, sin importar lo estrafalario o absurdo que pueda parecer el diseño: es su casa; ¡hágala como quiera!

Contras

Esfuerzo considerable: La construcción de una casa en un contenedor marítimo puede suponer un gran esfuerzo a muchos niveles. Tendrá que dedicar mucho tiempo -al principio- a conocer el proceso y los pasos necesarios para hacerlo bien. Luego, se pondrá a trabajar, lo cual no es tan divertido ni fácil como parece. Muchas personas abandonan a mitad de camino y piden ayuda a los expertos porque es un trabajo demasiado agotador y exigente, así que esto es algo que debe recordar.

Falta de experiencia: A no ser que sea un manitas de profesión, su falta de experiencia y conocimientos será todo un obstáculo y hará que sea una tarea desalentadora. Claro que hay miles de vídeos y artículos de bricolaje, pero cualquier paso que dé será nuevo, porque todo esto es nuevo para usted. Por eso se recomienda un método de bricolaje para la construcción de su casa de contenedores marítimos si tiene alguna experiencia previa de bricolaje, no necesariamente en la construcción de casas de contenedores, pero saber cómo manejar las herramientas y ser capaz de trabajar con sus manos.

Requiere mucho tiempo: No hace falta decir que se trata de una tarea que consume mucho tiempo y que le ocupará una gran parte de su tiempo durante algunos meses. Esto no siempre es fácil para las personas con trabajos de tiempo completo, y puede resultar demasiado costoso para alguien con un trabajo hacerlo en su tiempo libre. Si cree que puede hacerlo mientras hace malabares con un trabajo u otras responsabilidades, entonces adelante, pero solo debe saber en qué se está metiendo porque no es una tarea fácil.

2. Contratistas

Pros

Experiencia: Cuando usted paga a un contratista para supervisar el trabajo de su casa de contenedores marítimos, obtiene todos sus años de experiencia y conocimientos del trabajo para su beneficio. Lo han hecho antes o trabajos similares al menos, y saben lo que puede salir mal y cómo evitar los problemas. Su experiencia suele ser muy valiosa y puede ayudarle a garantizar una calidad aún mayor para su casa.

Ahorro de tiempo y esfuerzo: Pagar a un contratista le ahorra mucho tiempo y esfuerzo. Ellos se encargarán de supervisar el proceso de construcción mientras usted puede ocuparse de asuntos más urgentes.

Funcionalidad: Lo mejor de emplear contratistas es que no lo contrata para todo el proceso de construcción. Puede contratarlos solo para las partes que necesite o que no pueda hacer, como el tejado o la soldadura.

Contras:

Son caros: Los contratistas no son baratos; el costo es considerable, sobre todo si lo compara con el método de bricolaje. Esto puede comprometer su presupuesto. Si va a emplear a un contratista para cosas como la electricidad, la fontanería, las ventanas, las puertas y la pintura, esto podría costarle entre 50 y 150 dólares por hora, así que haga cuentas.

Los buenos son difíciles de encontrar: aunque hay una gran cantidad de contratistas, encontrar a los buenos no siempre resulta fácil y puede llevar mucho tiempo. No obstante, es un paso importante, porque tiene que conseguir unos altamente cualificados para su casa.

La elección es suya. Si consigue un contratista, le costará, pero obtendrá el valor invertido en su importante experiencia. La pregunta es: ¿puede permitirse uno, o prefiere optar por el bricolaje?

El diseño

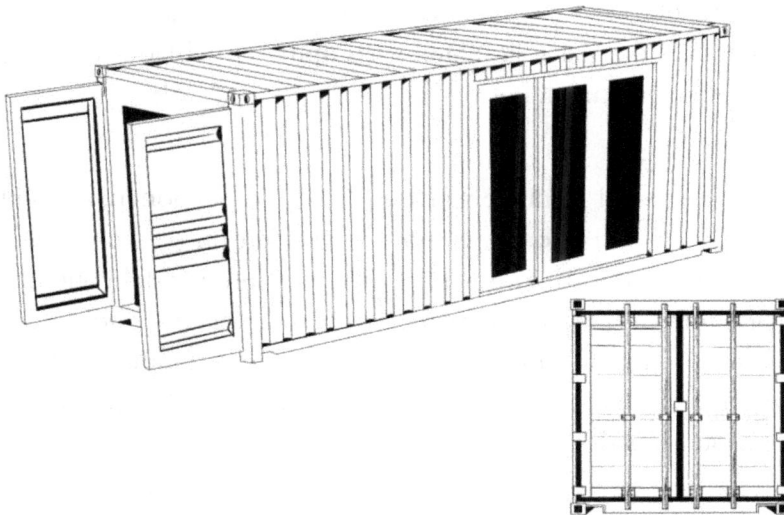

Ahora está listo para comenzar el proceso de diseño, que es posiblemente la parte más emocionante e interesante de todo el proyecto. Puede probar diferentes cosas e imaginar cómo quiere que sea su casa de contenedores marítimos. En este punto, todo está en el aire. Hay limitaciones para lo que puede hacer, pero una vez que conoce esas limitaciones, puede hacer cualquier cosa dentro de los límites. Por ejemplo, en la imagen anterior, la casa está hecha con un solo contenedor marítimo y tiene un tipo especial de puerta con tres ventanas. Este es el tipo de cosas que hay que tener en cuenta desde el principio.

Sin embargo, hay que saber que el diseño puede ser un reto. Hay que lograr que se pueda vivir en un espacio reducido. Esto requiere una planificación cuidadosa y una comprensión de la arquitectura para que usted pueda hacer el trabajo. Entonces, ¿por dónde empezar?

Altura

Lo primero que tendrá que decidir es la altura que quiere que tenga su casa de contenedores marítimos; aquí hay innumerables posibilidades. ¿Quiere una casa de una sola planta? ¿O quiere subir dos o tres plantas? La mayoría de la gente opta por las casas de contenedores de una sola planta y los apila uno al lado del otro en lugar de uno encima del otro.

Ancho

El ancho es el punto en el que las cosas se ponen realmente interesantes. Lo crea o no, es posible vivir en un solo contenedor. Necesitará paredes interiores para dividir el interior del contenedor en particiones separadas, pero es posible añadir un baño, una sala de estar y un dormitorio dentro del contenedor estándar de 20 pies. Será estrecho, pero es perfecto para las personas a las que les gusta un espacio acogedor.

Lo más habitual es colocar varios contenedores uno al lado del otro, eliminando las paredes de conexión para añadir más espacio y aumentar el tamaño de ciertas habitaciones, o de toda la casa. Conectar varios contenedores le da más opciones en cuanto a los muebles que puede conseguir, no solo en cuanto al espacio del suelo. Si tiene en mente un determinado ambiente que incluya sofás más grandes o sillas de gran tamaño, se recomienda elegir un espacio más amplio.

¿Necesita un arquitecto?

La respuesta corta es sí, pero no necesariamente. Todo depende de sus preferencias y de lo que quiera hacer con el lugar. Si no quiere tomarse la molestia de diseñar el interior o el exterior de su casa, puede contratar a un arquitecto. No cuestan tanto como en las casas normales, teniendo en cuenta la diferencia de tamaños. Sin embargo, si quiere hacer el proceso de diseño usted mismo, también tiene sus ventajas. Para empezar, puede encargarse de todos los detalles, por lo que será su visión la que se haga realidad. También resultará menos complicado de lo que cree, así que puede intentarlo y ver a dónde le llevan sus ideas de diseño.

Veamos algunos ejemplos de planos de casas de contenedores marítimos.

Son todos ejemplos, así que no los siga si no quiere, pero deberían darle ideas sobre cómo puede disponer sus contenedores marítimos para conseguir una hermosa casa.

Planos

Plano1

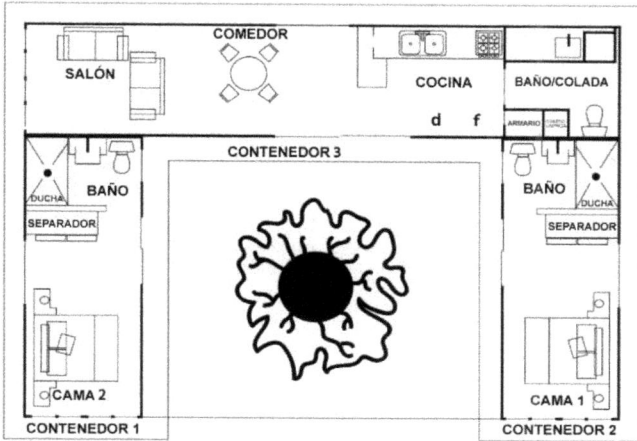

Como puede ver, este es un plano arquitectónico de tres contenedores para una hermosa casa amplia. Los metros cuadrados de esta casa dependerán del tamaño de los contenedores (20 pies frente a 40 pies), pero es lo suficientemente espaciosa para una familia pequeña. El hecho de que esta casa esté hecha con tres contenedores marítimos ha permitido incluir no una, sino dos salas de estar e incluso dos baños. También hay espacio para muebles específicos, como una mesa de comedor. Lo mejor es que también tiene una amplia zona de terraza que complementa toda la casa.

Puede poner algunos muebles de exterior y hacer de su zona de terraza el escenario perfecto para una tarde de primavera u otoño. También es ideal para las barbacoas y cualquier reunión que desee tener en su casa de contenedores marítimos.

Plano2

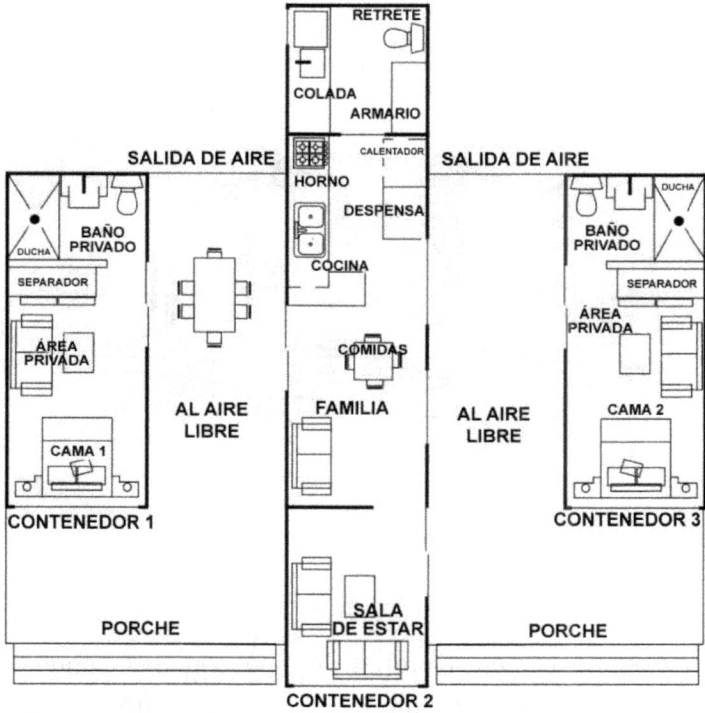

RETRETE

COLADA

ARMARIO

SALIDA DE AIRE

SALIDA DE AIRE

CALENTADOR

HORNO

DESPENSA

BAÑO PRIVADO

DUCHA

BAÑO PRIVADO

DUCHA

SEPARADOR

COCINA

SEPARADOR

ÁREA PRIVADA

ÁREA PRIVADA

COMIDAS

CAMA 2

AL AIRE LIBRE

FAMILIA

AL AIRE LIBRE

CAMA 1

CONTENEDOR 1

CONTENEDOR 3

PORCHE

SALA DE ESTAR

PORCHE

CONTENEDOR 2

43

Este es otro excelente ejemplo de casa con tres contenedores, aunque puede que note una diferencia en el tamaño. Esto muestra un hecho importante: no hay ninguna regla que diga que debe comprar todos los contenedores del mismo tamaño para su casa. Podría comprar uno de 20 pies y otro de 40 pies. O podría comprar dos contenedores de 20 pies y un tercero de 40 pies, como en este plano. Y, obviamente, puede conseguirlos del mismo tamaño. La elección es suya, y puede jugar con el diseño a su antojo, como en esta increíble casa de contenedores marítimos.

El diseño de esta casa tiene mucho énfasis en los espacios exteriores, como se evidencia en los planos. Hay mucho espacio abierto para que los niños jueguen o para que la familia disfrute de un agradable fin de semana juntos. Puede animar un poco las cosas y añadir una piscina exterior. Tal vez a usted o a su cónyuge les guste la jardinería, lo que sería perfecto en una casa de contenedores marítimos con este diseño porque hay espacio para más de un jardín. Como puede ver, los contenedores más pequeños albergan los dormitorios y los baños, mientras que el contenedor promedio (el más grande) se utiliza para la cocina, la despensa y un salón donde puede ver la televisión o incluso tener un estudio privado o una oficina en casa.

Ejemplo de espacio abierto en una casa de contenedor

Este espacioso diseño ha tenido en cuenta las necesidades de todos los miembros de la familia, lo que lo hace ideal para una familia pequeña o mediana que quiera una zona de estar espaciosa sin gastar demasiado dinero. Lo cierto de un diseño como este es que tendrá que dedicar algún tiempo a planificar lo que quiere en cada sección de la casa. Hacer cambios después de haber empezado puede ser difícil, y definitivamente será costoso. Así que tómese su tiempo con el proceso de diseño y asegúrese de que cada habitación está donde quiera que esté. Tenga en cuenta el espacio y las necesidades de su familia. Por ejemplo, un salón puede no ser una buena idea si tiene varios hijos; en su lugar, puede convertirlo en otro dormitorio. Piense siempre en sus necesidades futuras, para asegurarse de que el diseño sea más funcional, porque esto cuenta a largo plazo.

Plano 3

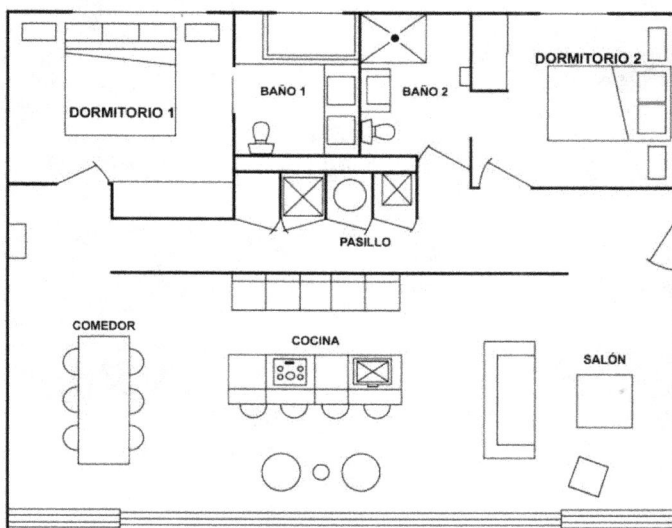

Dos contenedores conectados por una pared

Este es un ejemplo impresionante de una casa de dos contenedores y, como puede ver, la pared lateral no se ha eliminado del centro de toda la casa. El diseño es simple y minimalista, pero deja espacio para varias habitaciones y espacios alrededor de los contenedores que podrían resultar funcionales y útiles para los miembros de la familia. El pasillo es una excelente adición que hará que el lugar se sienta más grande de lo que es. También es útil que haya suficiente espacio para una mesa de comedor donde la familia pueda comer sin sentirse abarrotada; lo último que desea es que la familia sienta que vive en un espacio reducido.

Plano 4

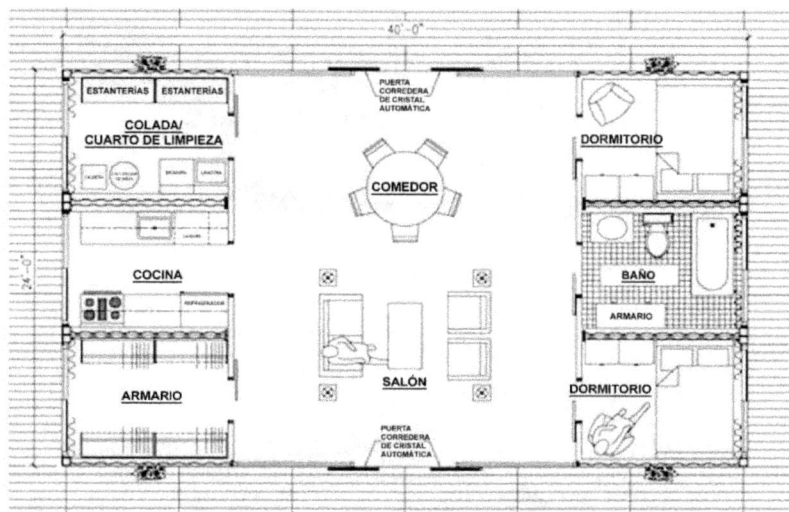

Dos contenedores conectados a través
de una pared y con techo de caseta

Si bien este plano puede parecer un poco más completo en comparación con otros, también es de naturaleza sencilla. También utiliza dos contenedores, pero se colocan con cierta distancia entre ellos para hacer espacio para la sala de estar y la mesa del comedor. Este espacio abierto puede estar amurallado por cualquier tipo de pared que guste incluir, y el plano agrega la opción genial de puertas corredizas de vidrio. No solo se ven elegantes y son una gran adición para cualquier hogar de contenedores, sino que también son funcionales y fáciles de usar.

Plano 5

PLANTA SUPERIOR

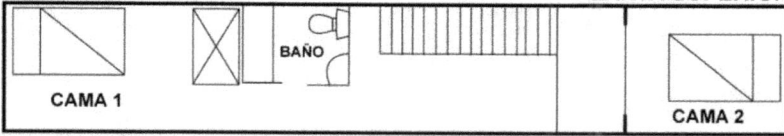

CAMA 1

BAÑO

CAMA 2

CONTENEDOR 1

PLANTA BAJA

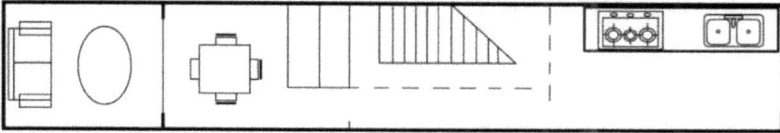

CONTENEDOR 2

Este plano muestra los contenedores marítimos de la casa colocados uno encima del otro. Se ve elegante por fuera y también es muy funcional si su espacio es limitado y desea aprovecharlo al máximo.

Plano 6

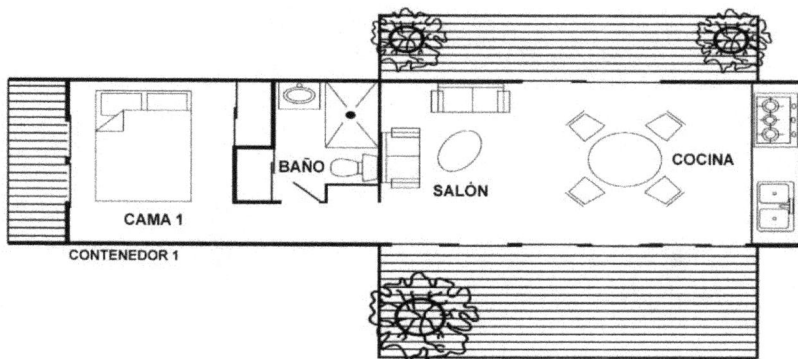

CONTENEDOR 1   CAMA 1   BAÑO   SALÓN   COCINA

Este aprovecha al máximo el espacio, siendo compacto y eficiente. Esta casa consta de un solo contenedor, pero el espacio se utiliza de manera eficiente para hacer espacio para un dormitorio, sala de estar, cocina y baño. Este espacio compacto es ideal para una persona que vive sola o una pareja que desea crear un hogar de contenedores marítimos asequible.

Plano 7

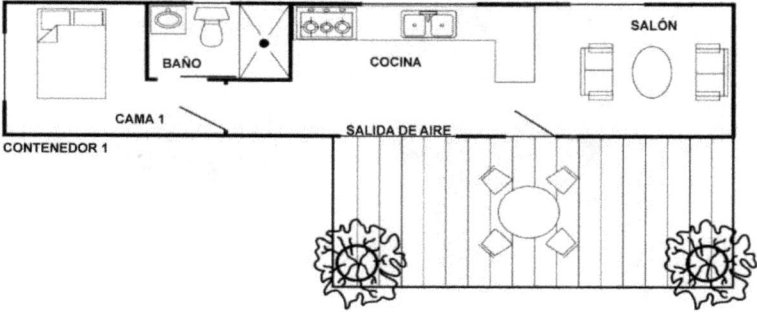

SALÓN

BAÑO

COCINA

CAMA 1

SALIDA DE AIRE

CONTENEDOR 1

En este plano, la casa también está hecha de un solo contenedor marítimo. Sin embargo, hay espacio para un área de terraza exterior, que el diseño utiliza inteligentemente. Puede agregar un par de sillas y una mesa al área de la terraza y usarla para comidas familiares o su café de la mañana. También le da a la casa una fachada bastante elegante, y el diseño es distinguido y simple.

Plano 8

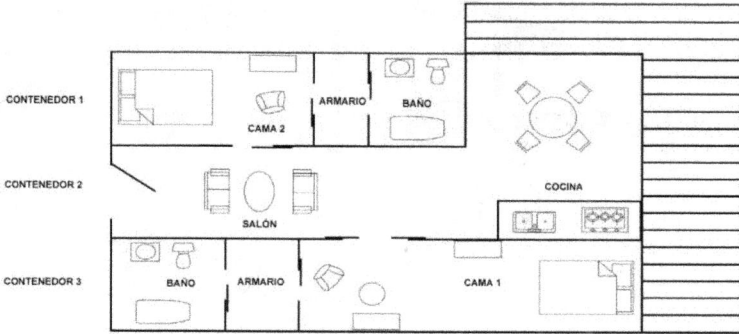

CONTENEDOR 1

CONTENEDOR 2

CONTENEDOR 3

CAMA 2

ARMARIO

BAÑO

COCINA

SALÓN

BAÑO

ARMARIO

CAMA 1

Este diseño utiliza tres contenedores para crear el enorme espacio que puede ver en el plano y las imágenes. El primer y tercer contenedor se usan para los dormitorios y baños, mientras que el contenedor promedio se usa para áreas comunes como la sala de estar, la cocina y la mesa del comedor. Con un diseño expandido como este, puede tener espacio en su hogar de contenedores marítimos para cualquier habitación que desee. Aunque construir una casa así no será barato, seguirá siendo mucho más barato que una casa tradicional.

Plano 9

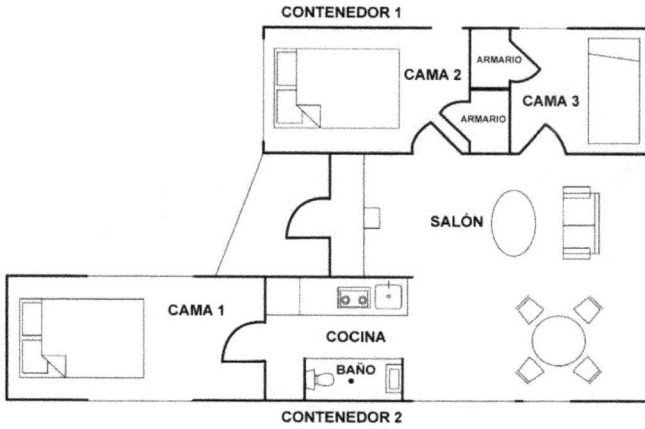

Nuestro próximo diseño utiliza dos contenedores de diferentes tamaños para crear este distinguido hogar de contenedores marítimos. A pesar de la diferencia de longitud, todavía hay suficiente espacio en esta casa para acomodar tres dormitorios, lo que la hace ideal para una familia. El diseño también agrega ventanas grandes hasta el techo, que se ven elegantes y se suman al estilo general de la casa.

Plano10

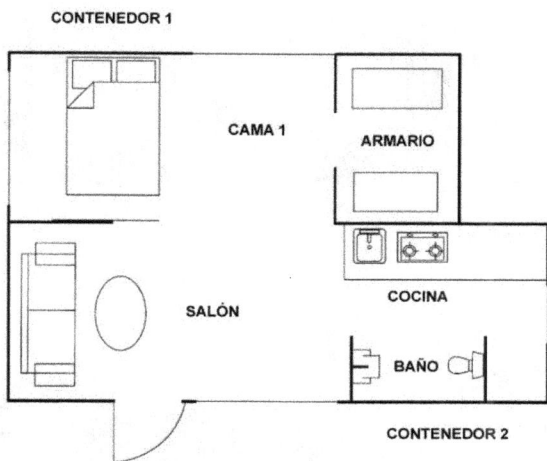

CONTENEDOR 1

CAMA 1

ARMARIO

COCINA

SALÓN

BAÑO

CONTENEDOR 2

Este diseño es para una casa compacta, utilizando dos contenedores de diferentes tamaños, como es evidente en las imágenes. Tiene espacio para un dormitorio y una gran sala de estar, además de un baño y una cocina. Podría jugar con el diseño si quisiera y cambiar las habitaciones, pero tenga cuidado porque el espacio es algo limitado, y debe aprovecharlo al máximo.

Plano 11

CONTENEDOR 1 CONTENEDOR 2 CONTENEDOR 3 CONTENEDOR 4

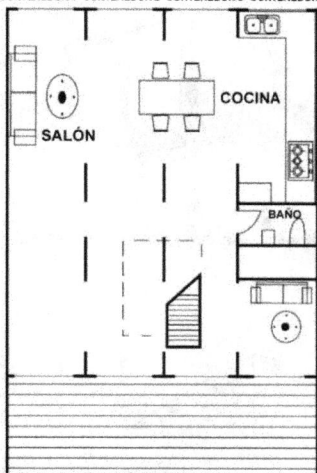

COCINA

SALÓN

BAÑO

PLANTA BAJA

CAMA 1 CAMA 2

BAÑO

BAÑO

BAÑO

BAÑO

CAMA 3 CAMA 4

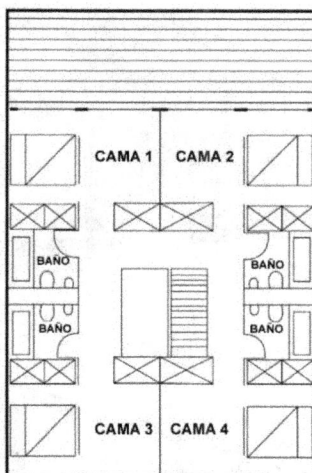

PLANTA SUPERIOR

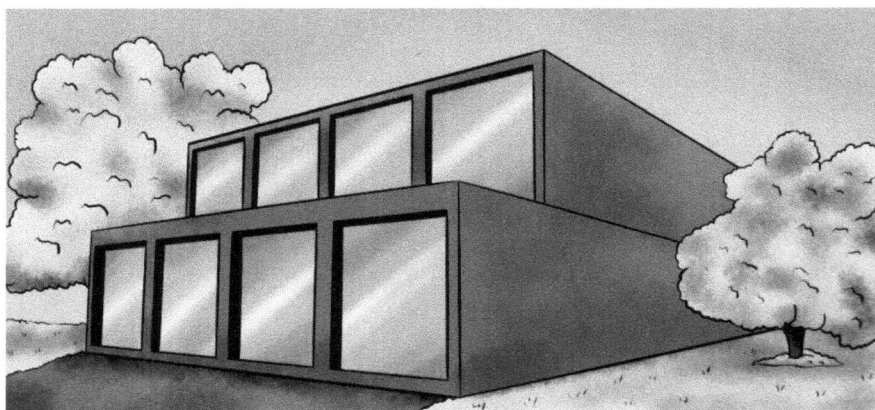

Nuestro diseño final es una casa de contenedores enorme, que utiliza varios contenedores para crear un gran espacio habitable. Esta casa de contenedores marítimos tiene dos pisos. La planta superior se utiliza para los dormitorios y los baños, mientras que la planta baja se utiliza para dar lugar a un gran espacio habitable, que incluye otro baño y una amplia cocina.

Este diseño puede ser mucho más caro que el de una casa de contenedores marítimos promedio. Aun así, si tiene el dinero, es un diseño excelente que hará que su casa sea tan grande como una casa tradicional, sin dejar de ser menos costosa.

Estos fueron solo ejemplos de planos que podría considerar. Puede ignorarlos todos o ejecutar uno hasta el último detalle; usted decide. También puede tomar lo que le guste de cada plano y crear un diseño propio con la cantidad de contenedores que tenga en mente y que pueda pagar. Como puede ver, no hay muchas limitaciones, y siempre que tenga los contenedores, puede jugar con el diseño y experimentar como quiera. Puede colocar las habitaciones donde desee, y el tipo de habitaciones a incluir depende completamente de sus preferencias.

Consejos de diseño

Obtenga las medidas completas: al diseñar cualquier cosa, arquitectónicamente hablando, necesita tener medidas precisas. Por lo tanto, no se conforme con las dimensiones que obtuvo de la empresa de contenedores. Consiga una cinta y vaya a medir las dimensiones interiores usted mismo por si acaso, cualquier discrepancia cambia sus cálculos. Lo último que necesita es que una dimensión mal calculada arruine un diseño que había planeado con precisión. Tomar medidas precisas también contribuirá a visualizar los contenedores una vez que estén llenos de muebles y se utilicen como hogar, lo que ayudará en el proceso de diseño.

Priorice: cuando esté comenzando con el diseño de los contenedores marítimos, debe hacer una lista con todas sus prioridades. ¿Qué tipo de características necesita en un hogar? Existe un límite en la cantidad de habitaciones en una casa de un solo contenedor, y esto significa que debe ser específico y consciente de sus prioridades. ¿Le importa más tener espacios abiertos como áreas de terraza o patios traseros, o está más interesado en la cantidad de habitaciones y los muebles disponibles? Estas son preguntas que debe hacerse antes de diseñar porque cada elección que haga puede afectar a todo el diseño.

Considere la ubicación: tener tres contenedores adyacentes se ve bien en el papel y podrían dar lugar a un diseño impresionante, pero ¿se ha detenido a preguntarse si eso es posible en el sitio que ha elegido? Recuerde considerar la ubicación, ya que es el factor decisivo de lo que puede y no puede hacer con los contenedores. También debe medirlo con precisión, para que sepa qué área tiene. Ayuda si prueba diferentes combinaciones antes de comenzar con el proceso de diseño.

Tal vez pueda apilar los contenedores uno sobre otro para utilizar el espacio que tiene, que puede ser pequeño. ¿Es posible apilar hasta una cierta altura, o podría ser ilegal de acuerdo con las leyes de zonificación y los permisos que mencionamos anteriormente?

No se comprometa: debe adoptar la mentalidad de diseño con una actitud sin compromiso. Tiene familiares y cada uno de ellos, incluido usted, tiene necesidades particulares que deben satisfacer la casa. Entonces, tiene que hacer esto. Quizás a algunos les guste tener baños privados o un estudio. Quizás necesite una oficina en casa o su esposa necesite una cocina grande. Siéntese con los miembros de su familia, hable con ellos y comprenda lo que necesitan para que pueda saber cómo crear el hogar perfecto que a todos encantará. Cuanto más comprenda las necesidades de la familia, menos probabilidades tendrá de fallarles cuando llegue el momento de crear el diseño.

Capítulo 3: Cimientos y preparación del lugar

1. Inspección y preparación del suelo

Si ha llegado hasta aquí, habrá terminado con la mayoría de los detalles teóricos del proyecto. A continuación, llega el momento de empezar a construir su hogar. Sin embargo, todavía no puede simplemente proceder a construir la casa. Debe asegurarse de que el suelo del lugar que desea usar sea bueno y pueda manejar las cargas pesadas de los contenedores con muchos muebles adentro, además de personas. No solo tiene que trabajar en el suelo, también en la base en que apoyará los contenedores. Los diferentes cimientos incluyen vigas, pilares, zapatas y pilotes. Lo que usará eventualmente dependerá del suelo del sitio.

Existen diferentes tipos de tierra y cada una requiere un manejo especial. Pero lo primero es lo primero: debe saber que el suelo del sitio puede soportar las cargas a lo largo del tiempo sin desmoronarse, lo que podría ser catastrófico. Es necesario inspeccionar el suelo del sitio para saber si es de tierra arenosa promedio o mezclada con arcilla. Tal vez sea grava o incluso de rocas. Cada tipo de suelo reacciona de manera diferente a las cargas, determinando el curso de acción en términos de cimentación y distribución de peso. Los siguientes son los tipos de suelo más comunes que encontrará en varios sitios mientras construye con contenedores marítimos su casa.

Suelo arenoso

Puede encontrar suelo arenoso en casi cualquier lugar. Consiste en partículas finas y puede haber algo de roca y / o grava en la mezcla. El suelo arenoso se considera uno de los tipos más duraderos y tiene una alta capacidad para soportar cargas, siempre que la carga no esté concentrada, sino que se extienda por un área amplia. Los expertos recomiendan no cavar demasiado profundo para poner los cimientos en este tipo de suelo para evitar llegar a un suelo más blando si se profundiza demasiado. La mejor base para usar con este suelo es la base de viga, una base muy común que se puede construir fácilmente.

Arcilla

A diferencia del suelo arenoso, la arcilla puede ser un poco más problemática porque retiene agua y al mismo tiempo es de grano fino. Construir sobre un suelo lleno de agua es riesgoso porque es inestable y puede provocar asentamientos en diferentes partes del suelo. Esta es la razón por la que lidiar con arcilla es costoso, ya que deberá preparar el sitio para manejar las cargas y asegurarse de que no haya complicaciones futuras. Por lo general, deberá excavar hasta un suelo que sea más estable que la arcilla y luego usar cimientos de pilotes o zapatas.

Roca

Tener suelo rocoso en el lugar es un arma de doble filo porque tiene sus pros y sus contras. Si bien la roca es muy duradera y tiene una excelente capacidad de carga, también es difícil de manejar. La mejor manera de avanzar es asegurarse de que la superficie esté nivelada sin inconsistencias que puedan obstaculizar la base. Haga esto quitando la tierra de la superficie y asegurándose de que la plataforma esté nivelada. Lo bueno de la roca es que puede soportar cargas pesadas para sostener fácilmente una base, pero a veces los expertos recomendarán usar soportes de todos modos, y en ese caso, debe optar por pilares de hormigón. Puede perforar a través de la roca para poner los soportes hasta que alcance la profundidad recomendada y luego colocar los cimientos.

Grava

La grava es el material grueso que todos conocemos y es excelente para el drenaje (una de las mayores ventajas aquí). Pero la grava no es tan fuerte como la roca, por lo que no se puede construir directamente sobre ella; necesitará una base. Debe cavar la grava hasta que alcance la profundidad recomendada, y luego nivelar la superficie y colocar los cimientos. El tipo de cimentación comúnmente utilizado aquí es la zapata, que es ideal para suelos de grava.

Cómo determinar el tipo de suelo de su lugar

No se puede simplemente determinar al azar el suelo y juzgar por su apariencia, porque la superficie del suelo puede ser de un tipo, y si cava un poco más profundo, de otra cosa. Debe hacerlo bien desde el principio. La forma más fácil de hacerlo es contratar un ingeniero geotécnico con la experiencia y el conocimiento para decirle con claridad y precisión qué tipo de suelo tiene en el sitio. También le dirán cuál es la mejor base que va con el suelo que tiene, por lo que no tendrá que preocuparse por investigar usted mismo.

El ingeniero geotécnico realizará perforaciones en el suelo, que se realizan cada 100 a 150 pies, según la opinión del ingeniero. Las lecturas que obtiene de esos taladros le dan algo llamado perfil del suelo para determinar el tipo de suelo que tiene y, a su vez, su capacidad de carga. Las perforaciones del suelo a menudo describen el perfil del suelo hasta 20 pies. Esta prueba también le indica la capacidad de drenaje del suelo (que es muy importante), la densidad, el contenido de agua actual, el tamaño de las partículas del suelo, el nivel del agua subterránea y la clasificación del suelo. Esto es básicamente todo lo que usted, y lo que es más importante, el experto, necesitan saber sobre el suelo. La información que obtiene también incluye las cualidades de la superficie del suelo que indicarán el mejor método para nivelar la superficie y prepararse para colocar los cimientos.

Esto puede parecer mucha información para los no expertos, pero cada detalle aquí cuenta. Esos números pueden marcar la diferencia entre elegir los cimientos correctos y tener un hogar seguro, o hacerlo mal y, básicamente, vivir dentro de un accidente esperando a que suceda. Cuando se revele el perfil del suelo, sabrá todo lo que necesita saber, desde la profundidad recomendada de los cimientos hasta la profundidad de la helada y otros detalles que la persona promedio podría considerar sin importancia.

Entender los cimientos

Debe tener un conocimiento básico de los cimientos y el hormigón para poder elegir el tipo correcto para su suelo. Es posible que en el suelo de su ubicación pueda utilizar diferentes cimientos. Entonces, ¿con cuál debería quedarse? La respuesta dependerá de varios factores, pero hay que entender los cimientos que funcionan para los contenedores y cada una de sus propiedades. *Nota: esta información no significa que deba hacer esto por su cuenta. Se recomienda encarecidamente que consulte* con un ingeniero estructural antes de hacer cualquier cosa con los cimientos. *Puede ayudarlo a comprender el proceso mejor que nadie, y su experiencia será invaluable aquí.* La cimentación debe ser capaz de soportar la carga estructural; comprensiblemente, no querrá probar suerte en este aspecto.

1. Zapatas

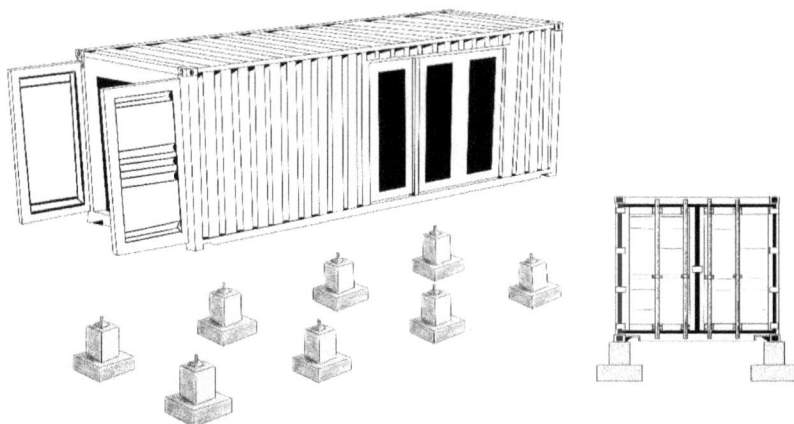

Hemos mencionado las zapatas varias veces al hablar de cimientos para contenedores de acero. Una zapata es básicamente un cubo de hormigón armado que se distribuye en el fondo del contenedor, en lugares específicos para soportar las cargas. Tradicionalmente, las zapatas se distribuyen en las cuatro esquinas del contenedor y dos a ambos lados del centro, porque el medio del contenedor es el centro de gravedad que tiene mucha carga que soportar, específicamente las paredes. En promedio, para un solo contenedor, necesitaría seis zapatas. Lo mejor de las zapatas a es que ofrecen una cimentación poco profunda, lo que significa que no es necesario cavar demasiado hondo (puede ser costoso y arriesgado hacerlo).

Las zapatas también son una de las opciones de cimentación más baratas disponibles, principalmente porque utiliza una cantidad mínima de hormigón para la cimentación, lo que ahorra mucho dinero. Más importante aún, puede seguir un método de bricolaje porque no necesitan un gran equipo de construcción. Es por eso que las zapatas son ideales para suelos con mezcla de tierra y grava. Otro gran beneficio: las zapatas eliminan la necesidad de aislar el fondo de su contenedor. Esto se debe a que el contenedor está elevado por encima del nivel de la superficie del suelo, por lo que no tiene que preocuparse por la humedad que se filtra desde la parte inferior del contenedor.

Como mencionamos, las zapatas son uno de los cimientos más sencillos y son ideales para un método de bricolaje. A continuación, se muestra cómo configurar la cimentación de zapatas.

Marcar las ubicaciones

Este es el primer y más importante paso en la instalación de una cimentación de zapatas. Debe marcar con precisión los lugares en los que verterá el hormigón. Suponiendo que tiene un terreno listo para sentar las bases, comience con una estaca. Clave esa estaca en el suelo y, a partir de ella, tome las medidas de su contenedor desde los cuatro lados con una cuerda. Si es un contenedor de 20 pies, use una cuerda de 20 pies para moverse desde la estaca y llegar a la ubicación de la zapata opuesta. Luego muévase desde este lugar con una cuerda del ancho del contenedor y luego vuelva los 20 pies hacia atrás nuevamente. Con eso, tendrá los cuatro puntos de las esquinas marcados con estacas.

Las dos zapatas del medio deben ser las siguientes. Use una cinta métrica para dividir la cuerda en dos mitades, de modo que mida 10 pies de cada lado. Después de hacer esto, marque los dos puntos de cada lado con estacas, y tendrá sus zapatas centrales marcadas y listas para hacer los agujeros.

Cavar

Ahora que conoce la ubicación de las seis zapatas, es hora de excavar. Debe cavar seis agujeros alrededor de las estacas que ha puesto. No puede haber llegado hasta acá sin antes revisar el suelo. Ya sea que necesite nivelación o cualquier otro ajuste, todo esto debe hacerse antes de colocar los cimientos. Suponiendo que todo esté hecho, excave cuadrados de medio metro alrededor de cada ubicación de las zapatas. Asegúrese de que las estacas que había clavado previamente en el suelo estén en el centro de cada cuadrado para que su ubicación sea precisa. Después, limpie el agujero de cualquier tierra, grava o arcilla.

Luego, coloque los moldes para que pueda verter el hormigón. Puede crear sus propios moldes o comprarlos prefabricados de un proveedor. Si bien los moldes con revestimiento de plástico de 0,15 cm serán ideales, puede utilizar moldes de madera, pero asegúrese de construirlos para que sean sólidos y duraderos, y recuerde hacer los agujeros más anchos para acomodar los moldes de madera.

Acero reforzado

La siguiente parte de la preparación de la cimentación es agregar barras de acero reforzado, y esto debe hacerse de manera lenta y precisa porque estas barras le dan al hormigón su flexibilidad y aumentan su resistencia. Aquí hay diferentes métodos para colocar las barras, pero a menudo se recomienda una formación de cuadrícula y funciona mejor con sus moldes. Puede agregar tres barras tanto a lo ancho como a lo largo del molde, y luego unir las barras con un alambre de acero. Puede usar más de tres barras, pero no se exceda porque podría dificultar verter el hormigón.

Repita cada seis pulgadas colocando las barras de refuerzo verticalmente hasta que haya cubierto todo el molde. Ate su cuadrícula a las barras verticales y estará listo para el siguiente paso.

Hormigón

El siguiente paso es agregar el hormigón. Rellene los agujeros con hormigón, después de agregar las barras de refuerzo a cada una de las seis zapatas, deje que el hormigón se cure durante al menos siete días. El curado permite que el hormigón mantenga un nivel apropiado de humedad a una temperatura razonable para que el cemento pueda hidratarse. Esta es solo la etapa inicial del manejo del hormigón: espere siete días o más para montar los contenedores.

Una de las cosas más importantes que debe recordar sobre el hormigón es que durante el vertido, debe vibrar o colocar varillas para evitar bolsas de aire que puedan poner en peligro la integridad estructural.

Repita estos pasos con cada zapata a lo largo del contenedor, y después de que el hormigón se haya curado, puede colocar su contenedor de manera segura. Sin embargo, comprenda que primero debe cavar a la profundidad correcta para las zapatas. Debe tener un buen conocimiento del suelo del lugar y haber excavado lo suficientemente profundo para asegurarse de que ninguno de las zapatas se hunda o se agriete debido al asentamiento del suelo.

Existe otra zapata: *pilares diamond*

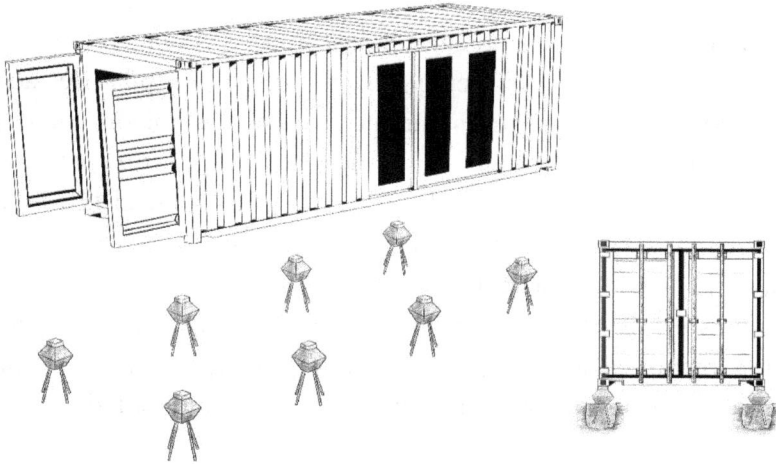

Los pilares *diamond* utilizan la capacidad de resistencia de un cabezal de hormigón prefabricado para mantener cuatro pasadores (galvanizados) de acero que soportan peso y transfieren la carga de los contenedores marítimos a un área de suelo más grande en comparación con la zapata de hormigón tradicional.

2. Cimientos de pilotes

No hay grandes diferencias entre zapatas y cimientos de pilotes. Seguirá la mayoría de los pasos que siguió con las zapatas, con una excepción importante. Con los pilotes, necesita cavar más profundo. Algunos tipos de suelo pueden ser demasiado débiles para soportar cargas, por lo que se excavan más profundamente hasta alcanzar un suelo más fuerte a mayor profundidad. En esos casos, el pilotaje es una excelente opción de cimiento que se puede utilizar.

Otra diferencia entre zapatas y pilotes es el costo. Si bien las zapatas son uno de los tipos de cimientos más fáciles para un método de bricolaje, los pilotes a menudo requieren equipos costosos. Contrariamente a la creencia popular, no es necesario utilizar pilotes de acero, aunque se utilizan habitualmente. También puede utilizar pilotes de hormigón, pero eso requeriría un método diferente.

Los pilotes de hormigón se prefabrican a nivel del suelo y luego se clavan más profundamente en el suelo. La pila de acero promedio actúa como revestimiento para el hormigón, pero no soporta carga. Conduzca el tubo de acero hasta que esté a la profundidad deseada, y luego vierta el hormigón en el tubo hasta que se llene. Por eso, desde lejos, los pilotes se parecen a las zapatas. Esta compleja técnica también es la razón por la que el pilotaje es un desafío para un método de bricolaje, pero no tendrá muchas opciones si el suelo que tiene en el sitio es débil. Deberá cavar más profundo hasta que alcance la profundidad de carga y utilizar pilotes.

3. *Rafting*/Losa maciza

La siguiente opción es el *rafting*, también conocido como losa maciza. Es uno de los tipos de cimientos más utilizados y funciona perfectamente en suelos arenosos y sueltos.

Con el *rafting*, el peso del contenedor se distribuye uniformemente a lo largo de los cimientos. La plataforma de hormigón sostendrá el contenedor para que no tenga que cavar más profundo hasta alcanzar un suelo más adecuado, y aislará el contenedor de los riesgos de tierra suelta. Cave hasta la profundidad requerida (que no es muy profunda cuando se trata de la losa maciza) y coloque una capa de hormigón de la longitud del contenedor o más larga, para sostener la estructura y soportar las cargas.

Rejilla de acero

Una desventaja del *rafting* es que es un método costoso porque requiere más hormigón que cualquier otro tipo de cimentación. Más hormigón también significa más acero, y esos dos no son baratos. Desafortunadamente, el *rafting es* a veces la única opción cuando se trata de tierra suelta, pero hace su trabajo a la perfección. El *rafting* también es un proceso que requiere mucho tiempo. La buena noticia es que no necesita maquinaria pesada, por lo que aquí es posible un método de bricolaje, aunque primero deberá consultar con los ingenieros.

4. Muros de contención

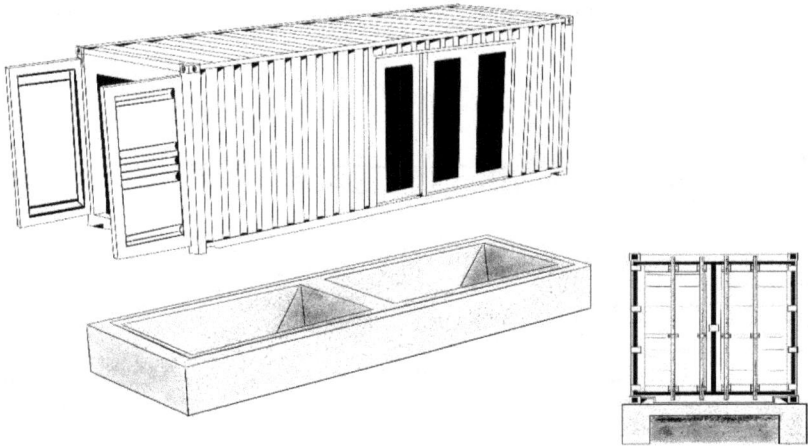

Otra opción para los cimientos, aunque rara vez se usa, son los muros de contención. Los muros de contención se ponen sobre cimientos de hormigón y actúan como paredes de soporte que conectan los cimientos de la construcción con las paredes verticales de los contenedores, en la parte superior. Los muros de contención luego transmiten las cargas de la estructura a los cimientos que la distribuyen en un área más grande.

Preparar el suelo

Lo primero que debe hacer es consultar con expertos estructurales y geotécnicos que le asesorarán sobre la profundidad recomendada para los muros de contención. También le dirán qué espaciado usar para las barras de acero reforzado. Después de excavar hasta la profundidad requerida, póngase manos a la obra. Nivele el suelo y asegúrese de que esté lo más compactado posible. Debe tener cuidado al preparar el suelo porque la profundidad debe ser precisa y también debe asegurarse de tener las dimensiones correctas. Cavar un hoyo demasiado pequeño para la viga significa que podría ser más corto que el contenedor, lo que puede causar problemas en el futuro.

Agregar moldes y acero

Luego, coloque moldes para cubrir el orificio del tamaño de la viga para contener el hormigón que verterá más adelante. Luego agregue sus barras de refuerzo de acero y átelas juntas a lo largo de viga. Siga medidas precisas porque el acero debe colocarse correctamente para que pueda soportar la pesada carga del contenedor.

Agregar hormigón

Por último, pero no menos importante, vierta el hormigón y llene los moldes.

Nota: Algo muy importante que debe recordar es la ubicación de las tuberías de agua y alcantarillado. Deben pasar por la viga antes de verter el hormigón. Este es un desafío que encontrará con los cimientos de *rafting*. Tanto las zapatas como los pilotes se elevan desde el nivel del suelo, por lo que no hay que preocuparse por las tuberías de servicios públicos. Pero los cimientos de *rafting* cruzan el suelo bajo la casa, y debe agregar las tuberías antes de hacer cualquier cosa. Si no pone las tuberías de agua y alcantarillado antes de verter la plataforma de hormigón, es muy posible que se vea obligado a destruirla y hacer todo de nuevo.

Otro desafío que puede enfrentar con las vigas es el calor. El contenedor se coloca directamente sobre las vigas, lo que puede crear una fuente de calor subyacente en los meses más calurosos del año. Es por eso que debe aislar la parte inferior de su contenedor para poner las vigas correctamente. Hablaremos del aislamiento más adelante en el libro.

5. Vigas de cimentación superficial

El último tipo de cimentación que discutiremos es la cimentación de vigas. Quizás los cimientos de vigas toman lo mejor de ambos mundos de cimientos de *rafting* y de zapatas /pilotes. También se considera extremadamente duradera, proporcionando una gran estabilidad estructural tanto a la base como al contenedor que se colocará en la parte superior.

Los cimientos de vigas distribuyen la carga sobre un área mucho más grande que las zapatas y los pilotes, son más seguros y con más capacidad de carga. Lo mejor de estos cimientos es que ahorran tiempo, materiales (piense en dinero) y energía, y se realizan a un ritmo mucho más rápido que el *rafting*. Los cimientos de vigas básicamente proporcionan soporte para las paredes exteriores del contenedor y, debido a que abarcan un área más grande, la carga se distribuye en más espacio.

Si se trata de un suelo con un drenaje deficiente, puede agregar una capa de grava en el fondo, lo que le ayudará a drenar el agua sin poner en peligro las capacidades estructurales de los cimientos de vigas.

Consejos para manipular el hormigón

Si bien no es necesario que estudie ingeniería civil para crear los cimientos de su hogar de contenedores marítimos, debe conocer el hormigón y sus propiedades para evitar cometer errores que pongan en peligro la integridad estructural de su hogar. Estos son algunos consejos que le resultarán útiles siempre que manipule hormigón.

Nunca olvide las barras de refuerzo: mencionamos anteriormente la importancia de agregar barras de acero reforzado para aumentar la resistencia a la flexión del hormigón, pero debe comprender lo que puede suceder sin la adición de barras de refuerzo. El hormigón tiene una excelente resistencia a la compresión y a la carga, y puede soportar cargas enormes que muchos otros materiales no pueden. Desafortunadamente, el hormigón no funciona tan bien cuando se trata de doblarse. En otras palabras, si la carga está directamente sobre el hormigón, se mantendrá, pero si la carga es desigual en cualquier lado y aplica fuerzas de flexión, se agrietará.

Es por eso que siempre debe agregar barras de acero reforzado, ya que tienen una excelente resistencia a la flexión. Los dos materiales trabajarán juntos y ayudarán a proporcionarle las capacidades de carga que necesita para su casa de contenedores marítimos.

Curado perfecto: el curado del hormigón es esencial para que resista la carga que agregará más adelante, y debe hacerse correctamente. Si bien el hormigón gana la mayor parte de su resistencia a la compresión en el primer día de vertido, como mencionamos anteriormente, debe dejarlo durante al menos siete días hasta que se cure por completo. Si agrega cargas antes de eso, lo más probable es que se agriete e incluso sufra fallas. Otro aspecto importante que muchas personas olvidan o desconocen es que el curado ocurre a ciertas temperaturas.

Esto significa que no puede simplemente dejar que el hormigón se cure al sol y esperar lo mejor. Por lo tanto, si va a preparar hormigón en un clima templado o caliente, debe crear algún tipo de sombra para cubrir el hormigón y que pueda curarse correctamente, ya que el calor puede interferir con el proceso de curado. Puede usar una manta o una glorieta o cualquier cosa que proteja el hormigón curado de los abrasadores rayos del sol.

Mezcle correctamente: si aún no lo sabía, el hormigón es una mezcla de cemento, arena y grava. Al agregar agua ocurre una reacción química entre el agua y el cemento, y el hormigón comienza a endurecerse. Esta mezcla no se crea al azar y se requieren ciertas proporciones para que pueda producir hormigón fuerte y duradero. Agregar demasiada agua a la mezcla de hormigón causará una menor resistencia a la compresión, una menor durabilidad y una serie de otros problemas. Pero agregar demasiado cemento causará tensiones térmicas que afectarán al hormigón, lo que provocará grietas que pueden ser graves en ciertas áreas.

Obtenga sus proporciones correctas. Generalmente, agregue 15-20% de cemento, 60-75% de agregado (arena y grava) y 15-20% de agua.

Tenga en cuenta el clima: antes de verter hormigón en lugares más fríos, debe asegurarse de que no haya agua o hielo acumulado en el orificio del cimiento porque podría interferir con sus cálculos. Además, cubra el hormigón con mantas para evitar que se agriete por el frío excesivo. Sin embargo, si está vertiendo en tierras más cálidas, debe enfriar el suelo, si es posible, antes de agregar el hormigón. También debe mezclarlo con agua fría. También ayuda si vierte por la noche o temprano en la mañana en climas más cálidos, para evitar que el sol interrumpa el proceso.

Mezcla en el sitio *versus* por entrega: tiene dos opciones para mezclar hormigón. Si la cantidad no es tan grande, puede hacerlo usted mismo. La mezcla manual de hormigón se puede hacer con la mano o con una hormigonera. Sin embargo, si está manejando cantidades significativas de hormigón, debe pedirlo al sitio, o de lo contrario, ¡es posible que no lo logre por su cuenta!

Agregue placas de acero: otra buena idea es agregar placas de acero en las esquinas de los cimientos antes de que se endurezca por completo. Esto le ayudará a soldar el contenedor a la base de hormigón, aumentando así su estabilidad y durabilidad.

Calcular la cantidad requerida de hormigón es un poco complicado y debe contratar a un experto para que lo guíe en este paso. La cantidad necesaria de hormigón variará según el tipo de cimentación que se vaya a utilizar; es importante hacer la cantidad correcta de hormigón. Demasiado o muy poco puede obstaculizar el proceso de cimentación.

Capítulo 4: Aislamiento

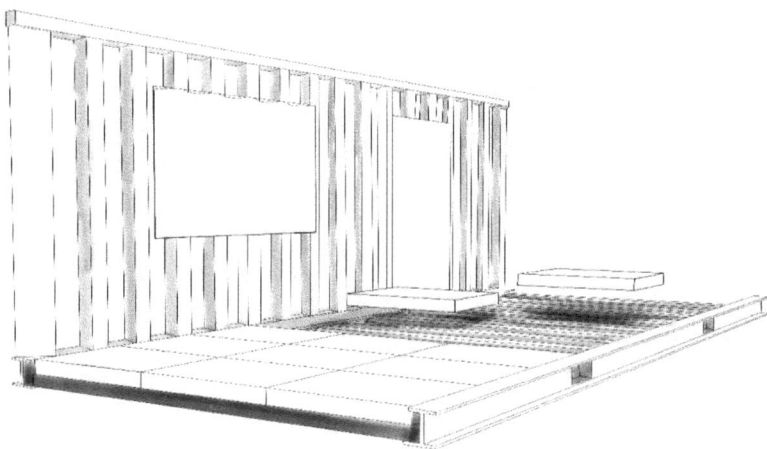

Aislar su hogar de contenedores marítimos no es realmente un lujo. Ya sea que viva en un área fría o caliente, los contenedores pueden transmitir calor (o frío) fácilmente y hacer su vida miserable. También existe el problema del drenaje y la posibilidad de que se filtre agua al interior del contenedor, ya sea por el techo o por la parte inferior. Es por eso que debe tomarse el aislamiento en serio y trabajar duro para asegurarse de que su hogar de contenedores esté bien aislado. De esa manera, el clima no será un problema y no afectará su vida diaria, ni tampoco las fuentes subterráneas o el agua de lluvia.

Existen diferentes métodos para aislar los contenedores marítimos, y es más complicado de lo que piensa. El principal desafío al que se enfrenta al intentar aislar un contenedor marítimo es qué tan delgadas son las paredes. Sí, son resistentes y duraderas, y soportarán las cargas bien, pero las paredes de los contenedores también son bastante delgadas, lo que complica el aislamiento. Hay una forma de evitar esto, pero podría ocupar parte del espacio interior del contenedor.

Otro factor que debe considerar al buscar un material de aislamiento adecuado es cómo planea construir sus paredes. Usará diferentes métodos dependiendo de si agregará varios contenedores juntos; si es así, el espacio necesario para el aislamiento se convierte en un problema menor. Este no será el caso si está construyendo una cómoda casa de contenedor simple o doble. En esos casos, es posible agregar aislamiento exterior.

Puede utilizar diferentes materiales para aislar sus contenedores marítimos, ya sea en el exterior o en el interior.

1. Aislamiento de corcho

El corcho es un aislamiento natural que proporciona buenos resultados. Lo bueno del corcho es que es renovable y una fuente natural que es biodegradable, ya que proviene de los árboles. Más importante aún, no es necesario talar los árboles para obtener el corcho. Otra característica importante del aislamiento de corcho son sus propiedades acústicas, que forman un amortiguador acústico para su hogar que evitará que el sonido se filtre o entre desde el exterior. Esto es particularmente importante para las casas de contenedores marítimos porque las delgadas paredes de acero pueden filtrar fácilmente el sonido.

2. Rociar espuma

La espuma en aerosol es uno de los métodos más populares para aislar contenedores, y es una de las formas más rápidas de hacerlo. Lo mejor del aislamiento de espuma en aerosol es que se aplica a las paredes interiores y exteriores de su contenedor. Esto es útil si su contenedor ha sido recubierto con pintura que a veces puede tener compuestos orgánicos volátiles tóxicos agregados para ayudar al acero a sobrevivir largos períodos en el mar. Con el aislamiento de espuma en aerosol, puede contener dichos compuestos y evitar que se propaguen por su hogar.

Existen diferentes tipos de aislamiento de espuma en aerosol. En general, es una buena idea invertir en lo mejor disponible porque puede prolongar la vida de su hogar, protegiéndolo de varias cosas. *Icynene* generalmente se considera una de las mejores opciones para el aislamiento de espuma en aerosol. Es un aislamiento de espuma rociado con agua que utiliza pequeñas burbujas de plástico para llenar el interior del aislamiento, proporcionando un excelente aislamiento y protección. Tampoco tiene tantos compuestos orgánicos volátiles como otros productos de espuma en aerosol, y los que están pueden desaparecer en solo unas pocas semanas.

3. Aislamiento de lana

Este es uno de los métodos naturales para el aislamiento y también produce buenos resultados. El aislamiento de lana es renovable y completamente natural, ya que proviene directamente de la lana de oveja. Este aislamiento es respetuoso con el medio ambiente y bastante eficiente, proporcionando un aislamiento potente comparable al de mezclilla, fibra de vidrio y otras opciones de aislamiento fibroso. Otra gran ventaja del aislamiento de lana es que contiene naturalmente lanolina, que es un retardante de llama. Esto significa que no tiene que tratar el aislamiento con otros productos químicos para la protección contra incendios.

Considere cuidadosamente sus opciones antes de comprar aislamiento de lana porque algunos tipos son mejores que otros. Busque empresas que vendan aislamiento de lana e investigue las diferentes variedades que ofrecen antes de decidirse por un tipo en particular.

4. Aislamiento de algodón

El algodón es otra fuente natural de aislamiento que es ecológico y eficiente. Una ventaja que ofrece el algodón es que se puede reciclar de otras fuentes de ropa, por lo que no es necesario obtener algodón nuevo; es bastante bueno para el medio ambiente. Al igual que la lana, el algodón proporciona un excelente aislamiento comparable a los aislantes fibrosos como la fibra de vidrio. Al igual que la lana, el ácido bórico (un ininflamable natural) generalmente se agrega al algodón en la mezclilla comercial, lo que significa que no es necesario tratarlo con protección contra incendios. La desventaja del algodón es que debe asegurarse de que no se moje porque la humedad hace que pierda algunas de sus propiedades aislantes.

5. Fibra de vidrio

La fibra de vidrio está hecha de arena sobrecalentada y, en otros casos, vidrio reciclado hilado en fibras más delgadas. Es un aislamiento de pared barato que también es bastante eficiente, por lo que es muy popular en muchos países.

6. Celulosa

La celulosa es un aislamiento de relleno suelto que se basa en la adición de materiales macroscópicos en la cavidad de las paredes. Se agregan los trozos del material aislante, pero para este aislamiento, las cavidades de la pared deben estar completamente contenidas, o de lo contrario el material simplemente se derramará en el piso. La celulosa está hecha de productos de papel reciclado que se trituran y luego se soplan en la cavidad utilizando una máquina especializada.

Factores que afectan la elección del aislamiento

La elección del aislamiento para su hogar es un paso importante en este proceso de construcción, y debe tomarse su tiempo y hacerlo bien. El aislamiento es fundamental para mantener su hogar a una temperatura moderada en comparación con el exterior. Cada tipo de aislamiento tiene sus pros y sus contras, y debe considerar las ventajas y desventajas antes de elegir un tipo determinado. Estos son algunos factores que pueden afectar su elección.

Valor R: este término industrial se refiere a la resistencia térmica por unidad de área. Básicamente es un número que expresa qué tan bien un material puede prevenir la transmisión de calor. Por ejemplo, el algodón y la lana tienen un valor R de aproximadamente 3,5 por pulgada, lo cual es bueno. Pero la espuma en aerosol tiene un valor R promedio de 3.7 por pulgada, incluso más alto en ciertas variedades. Como puede ver, los valores difieren, y este es un número que debe considerar al seleccionar el aislamiento.

Rendimiento: el rendimiento del aislamiento no solo se ve afectado por su valor R. Otros factores entran en juego, como la estructura de celda abierta o cerrada del material (para la espuma de celda abierta, el valor R es de 3.2-3.7 por pulgada, mientras que para la espuma de celda cerrada es de 6.5-7 por pulgada), gas atrapado, y otros. Estos aspectos afectan las características de rendimiento y debe considerar cada uno de ellos antes de invertir en un tipo particular de aislamiento.

Fugas de aire: un buen aislamiento debe poder evitar que el aire fluya a través o alrededor de sus bordes.

Costo: al igual que con el resto de este proyecto de contenedores marítimos, el costo es algo que debe considerar. Esto no solo incluye el costo de los materiales, sino también los gastos de mano de obra y equipo si no puede hacerlo usted mismo con sus herramientas de casa. Por ejemplo, el costo promedio del aislamiento de espuma en aerosol es de alrededor de $ 0.5 por pie cuadrado de tabla para la espuma en aerosol de celda abierta y de $ 1 a $ 2 para la espuma en aerosol de celda cerrada. Si tiene profesionales que lo instalen por usted, su tiempo también se tendrá en cuenta en los gastos. Aun así, la espuma en aerosol se considera una de las opciones más caras en comparación con el resto. La celulosa cuesta entre $ 1 y $ 1,3, la fibra de vidrio entre $ 0,64 y $ 1,2, la *rockwool* entre $ 0,9 y $ 1,65, el algodón entre $ 0,76 y $ 1,4 y la lana entre $ 1,33 y $ 2, todo por pie cuadrado.

Facilidad de instalación: ¿Qué tan fácil es instalar el aislamiento? Si es fácil, puede hacer bricolaje y ahorrar dinero en mano de obra y equipos. Si es demasiado complicado, necesitará ayuda. Si bien la opción obvia es ahorrar dinero, sus contenedores marítimos pueden necesitar un tipo especial de aislamiento que requerirá ayuda externa. El aislamiento de manta generalmente se considera el más fácil de instalar y está disponible en fibra de vidrio, lana y fibras. Por otro lado, la espuma en aerosol no es tan fácil y no se recomienda para un método de bricolaje porque requiere experiencia y habilidad, y lo más probable es que tenga que contratar a alguien para que lo haga por usted.

Espacio interior neto: se refiere a la cantidad de espacio que queda en el interior de su contenedor después de aplicar el aislamiento, SI lo aplicó en el interior.

Permeabilidad al vapor: ¿puede fluir vapor a través del aislamiento? ¿Qué tan bien evita el aislamiento que el vapor se filtre dentro y permanezca allí? Los materiales como la fibra de vidrio, la lana y la celulosa se consideran semipermeables, mientras que la lana mineral es un retardador, al igual que la mayoría de los tipos de espuma, excepto la espuma cementosa, que se considera permeable al vapor.

Sostenibilidad: mencionamos anteriormente que algunos tipos de aislamiento son más ecológicos que otros, lo cual es un factor importante a considerar para muchas personas. Muchos propietarios de contenedores marítimos eligen la sostenibilidad para un impacto mínimo en el medio ambiente, por lo que la sostenibilidad del aislamiento podría ser un factor a considerar.

Tipos de aislamiento

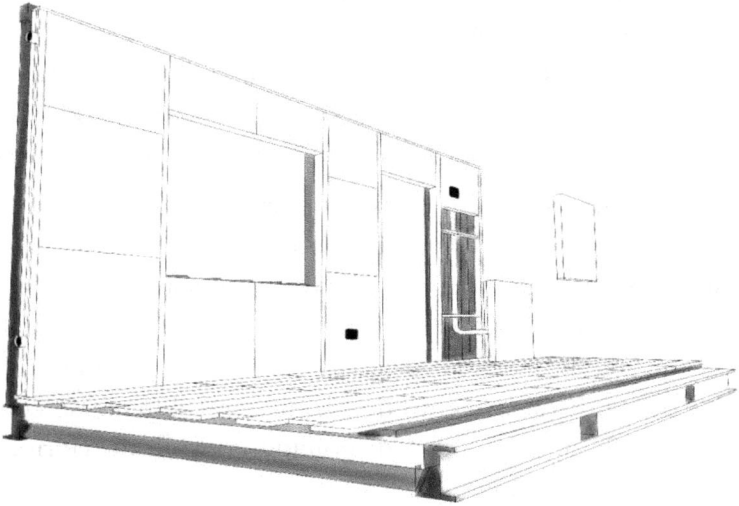

Aplicación de aislamiento de paredes y techos

Cuando piense en aislar su hogar de contenedores marítimos, debe pensar en el método que desea seguir: interior, exterior o ambos. Teniendo en cuenta que las casas de contenedores marítimos son básicamente cajas de metal, son excelentes conductores de calor. Por lo tanto, el mejor método será aislar tanto el interior como el exterior del contenedor para obtener los mejores resultados. Esto es especialmente importante si vive en condiciones climáticas extremas en las que elegir solo un tipo de aislamiento provocaría problemas de control del calor en su hogar.

Aislamiento externo: el concepto de aislamiento externo es simple. Si no lo tiene, el contenedor se calentará fácilmente. Depender únicamente del aislamiento interno provocará que el calor o el frío se filtren a través del aislamiento interno, lo que afectará toda su situación de vida. Esto se aplica tanto al verano como al invierno, y las cosas empeorarán mucho si sufre cambios estacionales extremos en el lugar donde vive. En resumen, el aislamiento externo ayudará a mantener la casa fresca en verano y cálida en invierno. Esto también significa que se reflejará en sus gastos de energía; Ahorrará en costos de calefacción / aire acondicionado con un aislamiento interior y exterior adecuado.

Otra característica interesante del aislamiento externo es que puede ayudar a mejorar la fachada exterior de su hogar de contenedores marítimos. Un método que siguen algunas personas es llenar los huecos de la pared del contenedor corrugado con aislamiento, probablemente espuma en aerosol, y después de eso, estará listo para pintar o revestir. Sin embargo, esta es una opción algo más cara que podría no funcionar con todos los presupuestos.

También es importante aislar la parte inferior del contenedor porque puede entrar o salir mucho calor y humedad. El mejor momento para hacerlo es al colocar el contenedor sobre la base. Si eso no funciona, tiene otra opción de agregar aislamiento debajo del piso, que discutiremos más adelante. En cualquier caso, asegúrese de que haya algún tipo de aislamiento en la parte inferior del contenedor.

Si bien recomendamos aislar tanto el interior como el exterior del contenedor, algunas personas prefieren ahorrar espacio interior haciendo solo aislamiento exterior. No modificar las paredes internas del contenedor conserva una gran cantidad de espacio, pero debe asegurarse de que su aislamiento externo esté hecho correctamente. El aislamiento externo lo ayudará a preservar espacio mientras proporciona cierto control del calor. Recuerde que también deberá aislar el techo de su contenedor, ya sea que deje el techo original o agregue uno nuevo.

Si pone un techo nuevo, agregar espuma en aerosol u otros materiales aislantes debajo debería ser bastante fácil. Si deja el techo como está, debe cubrirlo con una capa de aislamiento. Esto es particularmente importante si no planea agregar un techo dentro del contenedor, ya que esto significa que no agregará el aislamiento interior que viene con el techo; este no ocupa ninguna altura adicional. En otras palabras, si no planea agregar un techo, asegúrese de que el techo esté bien aislado.

Aislamiento interno: mucha gente ignora el aislamiento interno, pensando que no es realmente esencial, pero puede marcar una gran diferencia. Si bien el aislamiento externo hace el trabajo más importante al controlar el calor o el frío que se filtra en los contenedores marítimos, el clima aún puede superar esa primera capa; aquí es donde entra el aislamiento interno. Para dividir y enmarcar el interior de su contenedor, agregar aislamiento no ocupará mucho espacio, y lo mismo ocurre cuando agrega un nuevo techo. Suponga que deja un techo expuesto (el original del contenedor). Allí, debe esperar oxidación después de un tiempo, ya que habrá mucha condensación dentro del contenedor y afectará el techo de acero original.

Lo mejor del aislamiento de espuma en aerosol dentro de su casa es que puede ayudarlo a mejorar el valor estético del lugar. Puede cubrir cualquier abolladura o rayón o cualquier otra marca en las paredes, y es fácil de pintar sobre aislamiento de espuma en aerosol. Puede usar aislamiento externo o interno en ciertos lugares o puede duplicar en áreas como el techo / cielo raso para minimizar cualquier entrada de calor en su hogar.

Tipos de aislamiento

Discutimos anteriormente los diferentes materiales que puede usar para el aislamiento, y ahora enumeraremos las diferentes formas en que puede usar estos materiales. Cada tipo de aislamiento tiene sus pros y sus contras. Usted es el juez de cuál funcionará mejor para su hogar.

Aislamiento de manta / rollo: se considera el aislamiento más barato disponible. El material más utilizado con el aislamiento de mantas es el mineral, también conocido como lana mineral. La instalación de mantas aislantes dentro de la casa de contenedores marítimos requiere montantes (que explicaremos en las últimas partes del libro). Debe saber que los rollos de lana mineral se colocan entre los listones y luego se desenrollan en su lugar. Siempre que tenga las paredes de los postes en su sitio, agregar el aislamiento de la manta debe ser simple y directo.

Sin embargo, debe saber que el aislamiento de la manta está hecho de fibra de vidrio, por lo que debe tratarlo con precaución para evitar dañarlo. Utilice siempre equipo de protección, incluidas máscaras, gafas y guantes. En comparación con los tipos de aislamiento como la espuma en aerosol, el aislamiento de manta o rollo se considera algo más fino, pero requiere más tiempo que la espuma en aerosol y es un poco más complejo.

Como acabamos de mencionar, para instalar el aislamiento de manta, debe tener paredes de entramado en su lugar. Después de eso, simplemente colocará las mantas o rollos en los espacios entre los postes. Lo mejor de este método es que puede aislar la pared sin cortar nada, lo que reduce el tiempo necesario para este proceso y, en general, es menos derrochador. Aun así, planifique con anticipación y calcule el ancho de los listones y las mantas para que pueda hacer esto sin cortar. Dado que está utilizando un aislamiento de manta, siempre se recomienda colocar el papel de aluminio contra la pared del contenedor.

Si bien se aconseja usar aislamiento de espuma en aerosol en la parte inferior y superior del contenedor, puede usar una manta o un rollo de aislamiento, pero primero deberá agregar listones. Por lo tanto, agréguelos a lo ancho, ya sea en la parte superior o inferior del contenedor y colóquelos a una distancia de 1.5 pulgadas entre los centros. Algunas personas mezclan diferentes métodos, usando espuma en aerosol y aislamiento de manta juntos. Simplemente coloque el panel o la manta en la base o el techo y agregue una capa delgada de espuma en aerosol.

Espuma en aerosol: hablamos anteriormente sobre la espuma en aerosol y se dijo que es uno de los mejores métodos de aislamiento, y el más rápido. Sin embargo, el aislamiento con espuma en aerosol también es un poco complicado y requiere cierta habilidad y experiencia para que pueda instalarlo correctamente. También es algo caótico y puede cubrir lugares que no desea que se cubran con espuma. Es por eso que se recomienda que siempre tape esas áreas mientras trabaja con espuma en aerosol. Tenga cuidado de cubrir las tuberías, los cables, las ventanas, las puertas, los enchufes eléctricos y cualquier otra área o artículo del contenedor marítimo que no desee que se cubra con espuma en aerosol. Usar una lámina de plástico, cortada a la medida, es una forma eficaz de proteger esas áreas. Además, recuerde también cubrir los pisos con plástico antes de agregar el aislamiento interior, así no limpiará ningún desastre más adelante. Consejo profesional: cubra los cables, los enchufes y las tuberías con cinta antes de rociar la espuma.

Algo muy bueno sobre el aislamiento de espuma en aerosol es que no necesita listones, lo que significa que puede rociarlo directamente en las paredes y ahorrar mucho tiempo que de otra manera dedicaría a hacer los listones. También es un excelente aislante que hace un mejor trabajo que la mayoría de los otros. Esto se debe a que la espuma en aerosol proporciona una barrera hermética y la mejor resistencia al calor por espesor entre otros aislantes. Otra gran ventaja de la espuma en aerosol sobre las mantas es la facilidad con la que puede usarla para rellenar huecos e igualar superficies irregulares, a diferencia de los paneles o mantas que deben cortarse para que quepan en espacios reducidos.

No es necesario enmarcar los lados internos de las paredes externas para aislar con espuma en aerosol; si lo hace, le permitirá instalar placas de yeso o paneles sobre el aislamiento. Las placas de yeso ofrecen una superficie uniforme y lisa que puede pintar, y los paneles también tienen su propio aspecto especial que se puede dejar sin alterar. Si sigue este método, rocíe espuma en el espacio entre los listones como lo haría si usara una manta de aislamiento.

Usando aislamiento de espuma en aerosol, debe agregar al menos una capa de espuma de dos pulgadas de espesor en la pared. Puede rociar espuma hasta completar dos pulgadas de un lado de la pared, o puede dividirla entre las paredes interior y exterior agregando una pulgada en el interior y la segunda en el exterior. Recuerde que la espuma en aerosol puede sellar cualquier espacio resultante de unir dos contenedores, alrededor de los pernos y juntas, y los pisos contiguos.

Aislamiento de panel: esta es la tercera opción. Es un poco más caro que el aislamiento de mantas, pero más barato que la espuma en aerosol. También es uno de los medios menos complicados de aislar paredes de contenedores marítimos. Una ventaja es que se instala rápidamente y no es tan frágil como la fibra de vidrio. Los paneles son algo delgados, pero proporcionan muy buen aislamiento. Puede obtenerlos en tamaños fijos y colocarlos entre los listones como lo hizo con el aislamiento de la manta, y el proceso de instalación es prácticamente el mismo. Tenga en cuenta el hecho de que los paneles son más delgados, por lo que tendrá más espacio para trabajar, a diferencia del aislamiento de mantas. También puede usar paneles para aislar la parte inferior del contenedor, al igual que el aislamiento de manta, pero debe agregar listones a la base para fijar los paneles.

Otros métodos para controlar el calor

Notará que hemos discutido el aislamiento y el control del calor en contenedores marítimos incluso antes de hablar sobre el manejo del contenedor en el momento de la entrega. Esto se debe a que el aislamiento o el mantenimiento de la temperatura de un contenedor son aspectos críticos que debe tener en cuenta incluso antes de recibir los contenedores. Sin embargo, existen otros métodos para abordar la situación de la temperatura dentro de sus contenedores que no incluyen aislamiento.

Plantas

Si bien debe plantar árboles, flores y plantas alrededor de su casa, eso no significa que no pueda hacer lo mismo dentro o en su casa de contenedores marítimos. Una de las mejores formas de controlar el calor dentro de los contenedores marítimos es invertir en vegetación. Puede crear un techo verde, un jardín en el techo de su casa con plantas y césped. Si bien la vegetación no funcionará como aislante, puede reducir la radiación térmica que llega del sol a su casa. También puede hacer esto incluso si tiene aislamiento porque un techo verde es una excelente idea, ya sea estéticamente hablando o para complementar su aislamiento con aire fresco y calor reducido.

Puede implementar otras técnicas en el diseño de su casa, como el diseño pasivo de calefacción y refrigeración. En este método, diseña su hogar contenedor para que amortigüe la energía necesaria para calentar o enfriar el lugar. Esto se puede hacer utilizando técnicas como chimeneas solares y muros Trombe, entre otras. Este método es excelente en climas moderados, pero si vive en un área donde constantemente hay altas temperaturas y un sol abrasador, no será suficiente.

Al final del día, el aislamiento es la mejor respuesta para controlar el calor en su hogar de contenedores marítimos. Hay un montón de opciones, e incluso los tipos de aislamiento que mencionamos tienen subcategorías y compuestos derivados. Si bien el aislamiento es fundamental para el diseño de su hogar, no debe detenerse en esto por mucho tiempo porque hay otros asuntos urgentes que atender. Lo importante es asegurarse de que el aislamiento funcione dentro del diseño general, eligiendo un tipo que se ajuste para su hogar en particular.

Capítulo 5: Recepción de los contenedores

Si ha llegado hasta aquí, entonces está listo para recibir los contenedores y prepararlos para ejecutar su diseño. A estas alturas, ya sabe qué tipo de cimentación necesita y cómo aislará sus contenedores. Lo más importante es que tiene un diseño determinado en mente, y todo lo que le queda es obtener los contenedores marítimos que ha seleccionado y ponerse manos a la obra. Antes de llegar a eso, debe comprender las opciones para trabajar con el contenedor en el sitio. ¿Desea recibir el contenedor tal como está, para trabajarlo usted mismo, cortar las paredes e instalar las ventanas y demás? ¿O prefiere un contenedor prefabricado? Otra opción es trabajarlo fuera del sitio, lo que significa diseñar un trabajo de fábrica con sus especificaciones y luego se le entregará listo para usar.

1. Contenedores prefabricados

Esta es la opción más cara de las tres que tiene. No necesita trabajar en cortar las paredes para hacer más espacio o instalar las ventanas usted mismo si usa contenedores prefabricados. Todo lo necesario se llevará a cabo en el taller antes de que se lo entreguen. Lo bueno de esta opción es que ahorra mucho tiempo y esfuerzo, y los contenedores que se le entreguen estarán listos para colocarse directamente sobre los cimientos que colocó anteriormente. También podría ahorrarle dinero a largo plazo, porque si hace bricolaje, podría dañar permanentemente el contenedor y costarle dinero adicional la reparación o, lo que es peor, verse obligado a reemplazarlo por completo.

Por otro lado, si los contenedores son prefabricados, tendrán la forma y condición que necesita sin esfuerzo. Una característica interesante que obtiene con los servicios prefabricados es que a menudo tienen acuerdos con los servicios de instalación, por lo que no tendrá que preocuparse por instalar un contenedor pesado usted mismo o moverlo del taller a su sitio. Con los contenedores prefabricados, conseguirá que alguien instale los contenedores y los conecte como desee, además de asegurar su ubicación para que no se caigan. Sí, esto es caro, pero sigue siendo más barato en comparación con una casa tradicional.

2. Adaptarlo en el sitio

Al realizar las adaptaciones en el sitio, usted mismo hará la mayor parte del trabajo para crear el caparazón de la casa que será su espacio vital. Esto incluye todo, desde cortar paredes hasta hacer arcos y ventanas en el acero. Obviamente, necesitará muchos equipos como sopletes, taladros resistentes, amoladoras y mucho más. Con este método de bricolaje, se ahorrará mucho dinero, ya que no hay costos de envío adicionales (como si lo envía a un taller) y no tendrá que pagar por la mano de obra o la maquinaria que utilizan.

Otra gran ventaja de adaptarlo en el sitio es que trabaja según su propio horario; puede trabajar de noche, temprano en la mañana o los fines de semana. No está limitado por los horarios de los trabajadores con este método, que puede resultar bastante útil y fácil. La adaptación en el sitio es más segura, ya que usted hará todo el trabajo en el contenedor y ya estará en el sitio. Cambiar la estructura del contenedor a menudo debilita un poco su integridad estructural, lo que no es problemático si ya está en su lugar. Pero si lo está moviendo, esto podría ocasionar problemas. Con la adaptación en el sitio, no tendrá que preocuparse por enviarlo a su ubicación y puede evitar cualquier accidente que pudiera ocurrirle al contenedor a lo largo de la carretera.

Sin embargo, el mayor desafío es que es difícil. Necesita tener un cierto conjunto de habilidades y las herramientas necesarias para asumir tal tarea. Si no tiene el equipo necesario, debe comprarlo, lo que hace que esto sea más costoso que otras opciones. También existe el problema de tener acceso a la energía y el suministro en un sitio que podría no tener ninguno todavía, ya que es posible que aún no tenga servicios públicos. Esto significa que necesitará un generador, otro gasto importante si no tiene uno.

Naturalmente, existe el problema del ruido y las molestias de los vecinos si se encuentra en un vecindario concurrido.

Si bien puede pagar a contratistas para adaptar los contenedores en el sitio, esta será una opción más costosa en comparación con un método de bricolaje. Al menos de esta manera, no tendrá que preocuparse por no tener las herramientas adecuadas para el trabajo o el conjunto de habilidades necesarias para hacerlo bien. Esta también es una mejor opción si no puede encontrar un taller local para hacer el trabajo en su contenedor.

3. Adaptación en otro sitio

La última opción que tiene para adaptar los contenedores es la conversión fuera del sitio. Si bien esta opción también es excelente si no tiene las herramientas o la experiencia / habilidades necesarias para realizar esta tarea, también tiene sus desventajas. Sin embargo, la adaptación fuera del sitio es excelente si no quiere molestarse en hacer los ajustes usted mismo. La buena noticia es que contará con profesionales experimentados para hacer todo el trabajo, por lo que no tendrá que preocuparse por el factor experiencia. Usted también puede realizar la adaptación fuera del sitio. Puede enviar el contenedor a un taller o fabricante local y trabajar allí. Tendrían las herramientas necesarias para ayudarlo y usted también recibirá ayuda si encuentra obstáculos.

Otra ventaja de la adaptación fuera del sitio es que su contenedor se mantendrá seguro. Lo último que necesita es que su contenedor se moje o sufra cualquier otra condición climática inesperada, como nieve, mientras se modifica, lo que podría suceder fácilmente con la adaptación en el sitio. Si su contenedor se entrega en un taller, se guardará bajo techo o en el interior si hay complicaciones climáticas, por lo que estará protegido. Trabajar en un taller, ya sea que haga el trabajo usted mismo o que alguien lo haga por usted, también es útil porque habrá electricidad en el lugar, por lo que no habrá una razón para que se preocupe por la electricidad y por conseguir un generador.

Por otro lado, siempre existe la preocupación de que algo le suceda al contenedor después de las modificaciones y durante el transporte al sitio. Recuerde: el contenedor es más frágil después de la adaptación. La ubicación del taller también puede presentar dificultades; puede estar muy lejos, lo que crea un viaje largo para usted, independientemente de si desea hacer el trabajo usted mismo todos los días o simplemente supervisarlo. Además, tenga en cuenta que no trabajará con su propio horario; el taller tiene horarios de trabajo que pueden no ser adecuados para usted o pueden representar un problema, pero debe cumplir los horarios (pregunte sobre los horarios de trabajo antes de firmar con cualquier taller).

Transporte

Con sus modificaciones en mente y el sitio preparado, todo lo que queda es recibir el contenedor para que pueda ponerse a trabajar. Si bien eso suena fácil, puede presentar algunas complicaciones. Para empezar, ¿dónde va a conseguir su contenedor? ¿Cuánto cuesta?

Compra local: muchos compradores de contenedores marítimos miran erróneamente el precio del contenedor sin tener en cuenta el envío. Puede encontrar una excelente oferta de contenedores en Australia, pero el costo de envío triplicaría el dinero a pagar. Es por eso que siempre es mejor buscar distribuidores locales porque incluso si los precios son altos, generalmente será más barato que comprar un contenedor en otro país y enviarlo a su ubicación. Además, los contenedores marítimos de otros países son riesgosos y pueden dañarse en el camino y llegar diferentes a lo que ha visto en línea.

Comprar local también lo hace más fácil, ya que el distribuidor puede ayudarlo a asegurarse de que obtenga todos sus contenedores de la misma empresa y de calidad similar. Generalmente, es una buena idea mirar alrededor y examinar varias opciones. No se conforme con los primeros contenedores que encuentre, es posible que haya mejores ofertas a la vuelta de la esquina.

Costo: varía según el tamaño del contenedor que está comprando y de dónde lo está comprando. Estas siguientes tarifas suponen que está enviando un contenedor dentro de los EE. UU.; Las tarifas de envío internacional son significativamente diferentes y deben calcularse por separado.

Por lo general, las tarifas de envío son fijas y se calculan para una distancia estándar de 50 millas. Para un contenedor de 20 pies, las tarifas de envío rondarían los $ 200- $ 250 por transporte y descarga. Las distancias de más de 50 millas implicarán una tarifa por milla, alrededor de $ 2 / milla por la distancia total. Si el contenedor mide 40 pies, los precios son casi el doble. Por lo tanto, cuesta entre $ 400 y $ 500 por 50 millas. Los precios pueden variar según la empresa de envío y sus tarifas y políticas. Puede encontrar una empresa de transporte que ofrezca una tarifa plana para una distancia total superior a 50 millas para un contenedor de 20 o 40 pies, así que compare precios.

Planifique con anticipación: planifique con anticipación el envío y la entrega de contenedores. Debe estar presente cuando lleguen los contenedores para poder recibirlos y colocarlos, no desea que la empresa de transporte los entregue en su ausencia. Necesita obtener los detalles de la entrega correctamente. Algunas personas piden el contenedor antes de preparar el sitio en un intento de ahorrar tiempo. Es posible que obtenga los contenedores antes de lo esperado y el suelo aún no esté listo. ¿Qué hará entonces?

No se arriesgue con la entrega de los contenedores. Asegúrese de que el sitio esté listo y el plano de adaptaciones establecido, y ordene su contenedor en el momento que esté seguro de que puede recibirlo y el sitio estará listo. Los detalles marcan una gran diferencia aquí. Si planea aislar el fondo de su contenedor, el material aislante debe estar listo para que pueda comenzar a trabajar de inmediato. Preste atención a esos pequeños detalles porque hacen la diferencia para un parto exitoso y muchas complicaciones que no necesita.

Colocación de contenedores

Deberá colocar el contenedor en la cimentación seleccionada para poder trabajar en el armazón de su hogar. Una vez que el contenedor llegue al sitio, existen un par de métodos diferentes para colocarlo, pero debe hacerlo lenta y cuidadosamente.

Deslizamiento: el primer método para colocar correctamente el contenedor es inclinarlo en su lugar. Para hacer eso, necesitará moverlo con un remolque de plataforma, que es una opción que no le costará mucho dinero. Luego, suponiendo que sea posible hacer esto en el sitio, le pedirá al conductor que incline la plataforma del remolque para que el contenedor pueda deslizarse suavemente sobre los cimientos. Esta es probablemente la forma más fácil y económica de colocar su contenedor sobre los cimientos, evitando la necesidad de costosas grúas. Considere este método cuando esté preparando el sitio y los cimientos, ya que la planificación aumenta la probabilidad de que este método funcione. En otras palabras, coloque los cimientos para que el remolque tenga espacio para maniobrar en el sitio y deslizar el contenedor.

Grúas: la segunda opción es utilizar una grúa. Esto es ideal para sitios sin ningún margen de maniobra para que el conductor del camión deslice el contenedor, y también así es como debe hacerlo si planea apilar un par de contenedores uno sobre otro porque deslizarlos no funcionará entonces. Si bien las grúas son una opción más cara que implica alquilar la máquina, pagar su costo operativo y la mano de obra, son muy eficientes y hacen el trabajo rápidamente y sin complicaciones. Recuerde tener en cuenta el tamaño / peso de su contenedor porque hay diferentes tipos de grúas y algunas no pueden levantar contenedores de 40 pies. Pregunte primero, y asegúrese de obtener el equipo adecuado para el trabajo.

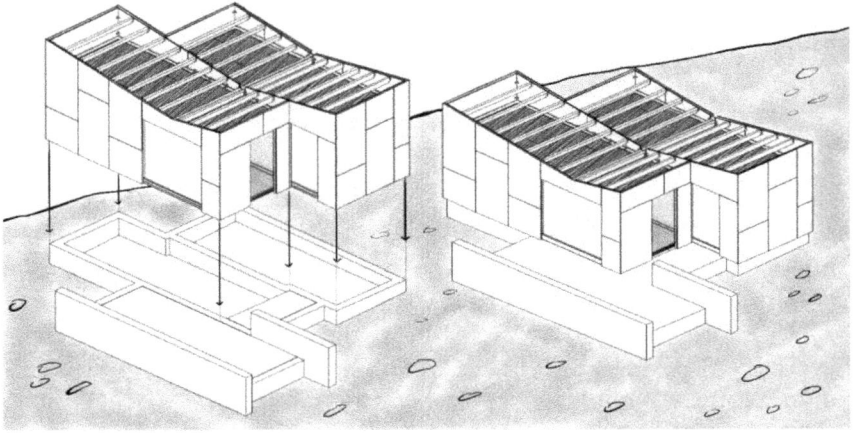

Montaje de contenedores prefabricados sobre
los cimientos de hormigón

Nota

La superficie de los cimientos debe estar completamente nivelada antes de que pueda colocar el contenedor. Si coloca el contenedor sobre una base desigual, debe usar calzas y espacios para nivelar el contenedor; esto complica las cosas. Entonces, en la medida de lo posible, nivele la superficie de los cimientos antes de colocar el contenedor encima.

Además, recuerde agregar el aislamiento de la parte inferior del contenedor entre este y los cimientos. Hablamos anteriormente sobre las diferentes opciones que tiene para el aislamiento, y es aquí cuando necesita aplicar esos conocimientos por primera vez. Aislar la parte inferior del contenedor le ayuda a controlar la temperatura, que no solo proviene de las paredes. Después de aislar el fondo, puede trabajar el interior del contenedor. Además, si coloca más de uno al lado del otro, siempre es bueno agregar aislamiento entre las paredes de cada uno para controlar la temperatura y mantener la humedad fuera.

Anclar los contenedores

Por razones de seguridad, los contenedores marítimos deben estar anclados para que pueda estar 100% seguro de que no hay riesgo de volcarse o inclinarse debido a condiciones climáticas inesperadas. Los estudios demuestran que anclar el contenedor puede ayudarlo a soportar vientos de hasta 150 millas por hora. El anclaje también ayuda a minimizar las posibilidades de que se produzcan daños debido al asentamiento. Hay diferentes formas de anclar los contenedores marítimos, y dependerá de varios factores, comenzando por el tipo de cimientos que tenga.

Soldadura: esta es una de las mejores formas de anclar contenedores marítimos y siempre produce excelentes resultados y proporciona una excelente estabilidad. Mencionamos anteriormente la importancia de agregar barras de acero cuando vierte el hormigón de los cimientos, y aquí es donde esas barras son útiles. Después de la cimentación, digamos pilares, la cura y el endurecimiento del hormigón, puede soldar el contenedor a la barra de acero. Esto ayuda a crear una base resistente que puede soportar casi cualquier cosa y aumenta significativamente la durabilidad general de su casa de contenedores marítimos.

Los contenedores deberán soldarse entre sí para una mayor estabilidad y resistencia si planea apilarlos. Generalmente, es óptimo soldar el contenedor en las partes contiguas del techo, pisos y paredes. Use láminas de acero en esos puntos y suelde con puntadas, sin dejar espacios entre contenedores. Cualquier área donde ocurra una superposición debe soldarse adecuadamente para garantizar la estabilidad general de los contenedores y que no se balanceen ni se muevan contra las cargas de viento u otras condiciones climáticas.

Una cosa que debe saber sobre la soldadura es que no se puede deshacer ni alterar fácilmente. Una vez que suelda los contenedores juntos y a los cimientos, no se puede cambiar sin un gran costo en términos de tiempo, equipo y mano de obra. A diferencia de algunos de los siguientes métodos que analizaremos, la soldadura llegó para quedarse. Por lo tanto, recuerde que si tiene planes de trasladar la casa o hacer cambios en la estructura general; será casi imposible si ha soldado paredes o pisos a los cimientos. Este es el principal desafío con este tipo de anclaje, aunque proporciona la conexión más fuerte y estable entre los contenedores o los cimientos.

Atornillado: Es posible perforar agujeros en los pisos del contenedor para atornillarlos a los cimientos que se encuentran debajo. La perforación generalmente se realiza alrededor de las cuatro esquinas y luego puede usar pernos de 12 pulgadas por 1 pulgada. Después de eso, debe martillar los pernos en cualquier cimiento que haya utilizado, ya sean pilares, pilotes, vigas o zapatas extendidas. Finalmente, apriete la cabeza del perno para asegurarse de que no se suelte.

En cuanto a la conexión de contenedores, también puede utilizar pernos. No es la opción más barata, pero garantiza estabilidad y resistencia. Debe atornillar los contenedores en las esquinas adyacentes para que esto funcione. Perfore cualquier esquina que tengan en común los contenedores, pero agregue una placa de metal mientras está perforando para que pueda actuar como una arandela para los pernos que agregará más adelante. Luego, coloque los pernos y agregue una arandela adicional en el extremo de la rosca del perno y una tuerca para evitar que se mueva. Apriete los pernos y selle cualquier espacio alrededor de ambos extremos del perno con un material sellador.

Sujeción: esta es la opción más barata, pero también la menos duradera y segura. Además del hecho de que es barato, el lado positivo de la sujeción es que puede desmontar sus contenedores y moverlos fácilmente con este método. No es una solución permanente como la soldadura, y no será tan difícil de desmontar como al atornillarla. En resumen, la sujeción es una excelente opción si planea mudar su casa en el futuro porque puede desconectar fácilmente las ataduras entre los contenedores y moverlos a una ubicación diferente.

Limpieza del contenedor

A estas alturas, ya tiene sus contenedores en su sitio, anclados a los cimientos y unidos. Aún queda mucho trabajo por hacer, pero un buen comienzo será limpiar el interior de los contenedores. Como mencionamos anteriormente, los contenedores marítimos pueden transportar envíos con sustancias tóxicas, y siempre es una buena idea limpiarlos antes de hacer cualquier cosa. A continuación, le indicamos cómo hacerlo.

Inspección rápida

Lo primero que debe hacer es revisar rápidamente el interior del contenedor tras la entrega, para que pueda formarse una idea de lo que necesita exactamente. Tome una linterna potente, entre y comience a mirar. Esta inspección inicial revelará más de lo que cree. Puede encontrarse con polvo y contaminantes, manchas, semillas, polen o cualquier otra cantidad de sorpresas. Mire las esquinas e inspeccione las paredes. No deje nada al azar y asegúrese de cubrir todos los ángulos posibles para poder continuar con el siguiente paso.

Comience con el polvo

Después de la inspección, lo primero que eliminará es el polvo. No hay nada como esas diminutas partículas para espesar el aire dentro del contenedor y cubrir todo con una capa de polvo. Por lo tanto, barra y limpie los escombros, el polvo, las telarañas o cualquier cosa que no deba encontrarse dentro de sus contenedores. Quite el polvo de las esquinas, el techo y las paredes; no deje ningún área sin revisar. Consejo profesional: use una mascarilla antipolvo y gafas protectoras para mantenerse seguro y evitar problemas respiratorios u oculares durante la limpieza. Trabaje desde la parte trasera del contenedor hacia el frente, donde está la puerta, y saque todo.

Usar un soplador de hojas

Si bien su barrido inicial puede eliminar el polvo y los contaminantes, un soplador de hojas o un compresor de aire son útiles para una limpieza exhaustiva. Utilizar aire comprimido para desechar cualquier cosa que pueda estar atascada, como polen, semillas u otros materiales. El soplador eliminará los materiales desprendidos que, de otro modo, podrían ser difíciles de eliminar con solo una escoba, sin importar lo fuerte que sea. Después de usar el compresor de aire o el soplador de hojas, barra una vez más para quitar cualquier cosa que haya caído al piso.

Lavar

Dejando a un lado el polvo y los contaminantes, es muy probable que encuentre manchas o sustancias pegajosas que no se eliminarán con un compresor de aire. Aquí es donde necesitará una lavadora a presión. Si no tiene, es una excelente inversión porque siempre resulta útil. Al igual que con el polvo, comience en la parte posterior del contenedor y avance hacia la puerta. Revise todas las paredes, pisos y techo y elimine las manchas, ya que pueden ser de sustancias químicas. Preste especial atención a las esquinas, ya que acumulan polvo, por lo que debe lavarlas a fondo. Los pisos también requieren su atención porque puede haber óxido que deba ser restregado, así como también suciedad atrapada.

El agua a presión también resultará invaluable al limpiar el exterior del contenedor, que tendrá suciedad, sustancias pegajosas, productos químicos y óxido. Consejo profesional: al usar agua a presión, siempre use gafas de seguridad. Cualquier cosa puede rebotar en las paredes y en sus ojos, por lo que debe protegerse lo más posible para evitar que ocurran accidentes, sobre todo teniendo en cuenta que está trabajando en un espacio cerrado al limpiar el interior del contenedor.

Un consejo profesional más: el vinagre hace maravillas con las manchas difíciles. Si las encuentra mientras limpia el contenedor, ya sea por fuera o por dentro, llene una botella con solución de vinagre y aplíquela sobre la mancha rebelde. Déjela actuar por unos minutos y frote las manchas.

Reparar daño superficial

Mientras limpia los contenedores, es posible que tenga problemas en la superficie como pequeños agujeros y abolladuras u óxido y corrosión. Siempre es aconsejable solucionar esos problemas antes de seguir adelante. Revise el interior y el exterior para detectar cualquier complicación. Si ignora esos problemas, lo más probable es que crezcan y causen más complicaciones en el futuro. Puede arreglar pequeños agujeros con un cepillo de alambre, una tarea bastante fácil que debería resultar lo suficientemente simple. Solo recuerde pintar el área en la que usó el cepillo de alambre. En cuanto a los agujeros más grandes, puede agregar una pieza de acero para cubrirlos, ya sea soldándola al contenedor o usando un sellador para pegar el acero a la parte hueca.

Para el óxido simple, puede arreglarlo con un removedor de óxido y vinagre blanco. Simplemente aplique el vinagre o el removedor de óxido en las áreas afectadas y frote; generalmente se eliminará el óxido exterior. Puede usar papel de aluminio para fregar el óxido si el vinagre blanco y un trozo de tela no funcionan.

Utilice papel de lija

El uso de papel de lija no es solo para mejorar el valor estético del contenedor, sino también para evitar que complicaciones como las peladuras y el desgaste se agraven y causen más daños. Utilice una lijadora de banda para abordar cualquier pieza a lo largo de los contenedores marítimos que tenga signos de desgaste o descamación y peladuras. Esto le ayudará a crear una superficie lisa mucho mejor para proteger al contenedor contra las condiciones climáticas y la humedad. Después de usar papel de lija, aplique una capa de pintura base para fortalecer. Una capa de pintura de imprimación protege el contenedor contra la descamación, la corrosión y la humedad, y generalmente lo convierte en un contenedor más resistente.

Después de que se haya secado la capa de pintura base, puede agregar pintura exterior en el interior y el exterior del contenedor. Consejo profesional: invierta en pintura de alta calidad porque durará más y, lo que es más importante, se verá bien y protegerá su casa de contenedores marítimos.

Como puede ver, limpiar los contenedores marítimos no es solo para que se vean bien, sino que también mejora la integridad estructural y brinda protección contra la humedad y otros problemas. Este no es un paso que pueda omitir, y definitivamente no puede simplemente lavar el contenedor con una manguera y pensar que lo ha limpiado. Debe ser cuidadoso al limpiar los contenedores marítimos, ya que es posible que se hayan transportado productos químicos, lo que tiene un efecto negativo en la salud de su familia. En resumen, limpie los contenedores marítimos correctamente antes de pasar al siguiente paso.

Capítulo 6: Servicios: electricidad, plomería y líneas telefónicas

Instalar la electricidad

Con el caparazón de los contenedores en su lugar, y cada uno de ellos (o solo uno) limpios y listos para funcionar, existen diferentes formas de avanzar con el proceso de construcción. Una forma es trabajar en el cableado. Este es un paso que debe realizar un experto porque un error aquí podría resultar fatal, no solo costoso. Necesita un electricista para que se encargue del cableado y la conducción de la electricidad, o de lo contrario usted podría lastimarse al hacerlo.

Comprender las regulaciones locales

Hablamos anteriormente sobre las leyes y regulaciones de zonificación, y no solo se aplican a la construcción de su hogar, sino también a la energía. Debe considerar varios puntos y muchos requisitos con respecto a la electricidad en su hogar de contenedores marítimos (o en cualquier hogar). Las leyes y regulaciones sobre instalaciones eléctricas varían según la ciudad, el estado y el país, por lo que sería una buena idea preguntar primero sobre esas leyes. Vaya a la oficina de planificación local y pregunte sobre los requisitos y lo que puede y no puede hacer para poder seguir adelante de acuerdo con las regulaciones.

Plano eléctrico

El plano eléctrico es tan importante como el plano arquitectónico, y debe realizar uno antes de hacer cualquier cosa relacionada con la electricidad. El plano eléctrico muestra dónde estarán los enchufes, los interruptores de luz y la caja de fusibles, y esto es algo que debe saber antes de poner cualquier cable en la casa. El diseño de ese plano dependerá del diseño de la casa porque cada habitación de la casa de contenedores marítimos tendrá diferentes usos y, por lo tanto, requisitos. Por ejemplo, en un baño, los enchufes deben estar más alejados de la bañera y más cerca del lugar donde utilizará los aparatos eléctricos de aseo y los secadores de pelo. Los interruptores de luces alrededor de la casa deben colocarse en lugares cómodos donde sea fácil llegar a ellos; ponerlos en el lugar equivocado hará que sea inconveniente alcanzarlos.

Toma de corriente

El plano eléctrico es crucial y no debe aplazarlo hasta que llegue el momento de trabajar con la electricidad. Debe realizarse inmediatamente después, o simultáneamente con, el plano arquitectónico para que pueda ajustar cualquiera de los dos, si es necesario. Podría verse obligado a intercambiar habitaciones dependiendo del cableado eléctrico o cambiar la cantidad de interruptores, por ejemplo. Debe imaginarse cómo se verá el plano eléctrico en su casa de contenedores marítimos antes de hacer cualquier otra cosa. Comprenda que es un espacio más pequeño en comparación con una casa normal, y necesita acomodar muchas cosas. Entonces, en la cocina, por ejemplo, debe dejar espacio para un interruptor de luz y especificar la ubicación de los enchufes para el microondas, la tostadora, el refrigerador, la estufa y el horno.

La oficina de zonificación local requerirá el plano eléctrico de la casa y será revisado para que puedan asegurarse de que el plano eléctrico esté dentro de los códigos y regulaciones. Esto se hace antes de que pueda obtener sus permisos para seguir adelante. Nota: es posible que deba proporcionar planos sellados por un electricista o ingeniero eléctrico; por lo tanto, incluso si planea seguir un método de bricolaje con el cableado, al menos necesita la ayuda de un electricista en esta etapa.

¿Qué necesita?

Si va a instalar la electricidad en su hogar de contenedores marítimos, hay cosas que debe saber. Varios componentes serán esenciales, y debe alistarlos desde el principio para poder comenzar con el pie derecho. Por lo tanto, necesitará cajas eléctricas para cualquier tomacorriente, accesorios, interruptores de luz y una caja de fusibles. Al diseñar el plano, tenga en cuenta los códigos locales sobre la distancia mínima permitida entre los tomacorrientes (por razones de seguridad) porque podría verse obligado a pedir menos de los que tenía en mente. No tiene sentido comprar elementos que no usará.

En promedio, una casa de contenedores marítimos podría funcionar con 100, 150 o 200 amperios, según el tamaño de la casa y las preferencias personales, pero esto es algo que debe tratar con el electricista. Debe usar la cantidad justa de energía para su hogar, ni más ni menos, para evitar problemas de seguridad y mantener todos los electrodomésticos funcionando sin problemas.

Tipo de cableado

El tipo de cableado que usará en su hogar de contenedores marítimos debe ser un poco diferente al que se usa en una casa tradicional debido a la naturaleza metálica de los contenedores. También debe saber que los estándares y requisitos de seguridad para el cableado eléctrico establecidos por las autoridades locales son más estrictos porque básicamente vivirá en una caja de metal, por lo que se requiere precaución adicional al tratar con la electricidad en tal caso.

Para explicarlo con más detalle, en los hogares tradicionales, el cableado más utilizado son los cables con revestimiento no metálico, que se utilizan para enchufes y circuitos en toda la casa. Esos cables se colocan entre las paredes de la casa y los postes de madera mediante perforaciones, lo que se hace de manera segura, ya que la madera y los paneles de yeso son buenos aislantes que no conducen la electricidad. Incluso con el tiempo, después de un poco de desgaste, si el aislamiento se daña detrás de una pared, la electricidad seguirá funcionando normalmente y la seguridad no se verá comprometida.

En las casas de contenedores existen los mismos riesgos, pero hay una diferencia significativa. A diferencia de las casas de madera, los contenedores marítimos están hechos de acero. Por un lado, eso los hace menos propensos a incendiarse, pero aumenta significativamente el riesgo de electrocución si cualquier cable eléctrico desnudo entra en contacto con la pared, lo que podría exponer toda la casa y a sus residentes a descargas eléctricas de alto voltaje. Es por eso que debe seguir las pautas de su país, incluidas todas las entidades locales relevantes. También es una buena idea considerar contratar a un electricista experimentado para que trabaje en el cableado y sistema eléctrico porque su experiencia resultará valiosa.

Si tiene experiencia en el manejo de la electricidad y le gustaría un método de bricolaje para instalar el sistema eléctrico de su casa de contenedores marítimos, exploraremos estas opciones. En general, su hogar de contenedores estará conectado a una red local o un sistema fuera de la red como paneles solares, y cada uno tiene sus propias regulaciones y métodos.

Conectado a una red local

Si su hogar de contenedores marítimos está conectado a una red municipal o local, es posible que tenga suerte. Muchos beneficios vienen con la conexión a una red, comenzando con el acceso continuo a la energía eléctrica. Sin embargo, en tal conexión, los toques finales deben ser realizados por un electricista y la instalación del medidor debe estar bajo la supervisión o al menos con la aprobación de la compañía eléctrica. Con una casa de contenedores marítimos, probablemente se instalará medidor de potencia en las paredes exteriores, aunque opciones más sofisticadas pueden funcionar sin necesidad de que alguien deba tomar la lectura. Aun así, siempre se requiere un medidor visible, incluso si ese es el caso.

Si tiene otra propiedad al lado de la casa de contenedores marítimos (como una casa residencial), puede aprovecharlo porque la otra propiedad estará conectada a la red. Puede conectar la casa de contenedores marítimos desde las líneas eléctricas de la otra propiedad, lo cual es excelente, ya que un método de bricolaje funcionará bien en tal caso. Puede usar un cable flexible diseñado para uso de exteriores y agregar esta extensión a su instalación eléctrica residencial.

Fuera de la red pública

La instalación fuera de la red pública significa que utilizará fuentes de energía solar, eólica o hidroeléctrica para proporcionar electricidad. Esas soluciones son mejores para el medio ambiente y ahorran una tonelada de dinero en facturas de servicios públicos, aunque pueden tener desventajas; el poder que obtiene puede no ser suficiente para todas sus necesidades. Es una opción válida, y muchos propietarios de contenedores marítimos prefieren estos medios alternativos de energía, ya que son más baratos y respetuosos con el medio ambiente.

Lo mejor de las fuentes de electricidad fuera de la red pública es que todo depende de su discreción. No hay tratos con compañías eléctricas ni facturas de energía (y no hay medidor de energía). Esta independencia es importante para las personas que quieren vivir fuera del sistema y para los colonos. Sin embargo, tenga cuidado porque esto no significa que no tenga que seguir códigos y regulaciones. Incluso las fuentes de energía fuera de la red pública tienen ciertos códigos y requisitos. Si bien aquellos sistemas invitan a métodos de bricolaje, lo más probable es que necesite ayuda externa porque la instalación de esos sistemas puede ser complicada. Convertir energía de corriente continua proveniente de la energía solar, por ejemplo, al alto voltaje que necesita para alimentar electrodomésticos es complicado y no se puede hacer sin la ayuda de un experto.

El cableado

Instalación de tuberías para línea eléctrica

Interior / exterior del contenedor

1. Conducto

La primera parte para hace el cableado interior de la casa de contenedores marítimos es el conducto. Este es el tubo que va alrededor de los cables expuestos para protegerlos del desgaste debido a la humedad, el agua y cualquier otro factor externo que pueda poner en peligro las propiedades del cable. Los conductos también se utilizan para evitar que los cables cuelguen libremente entre las paredes, encaminándolos a lo largo de rutas establecidas. Para un método de bricolaje, un conducto de PVC cédula 40 u 80 es un buen lugar para comenzar y puede brindar la protección necesaria para casi cualquier cable que planee usar en su hogar de contenedores marítimos.

En algunos lugares, los estándares de electricidad de un país o zona pueden requerir conductos, pero generalmente es una buena idea usarlos incluso como protección y seguridad adicionales, especialmente para casas de contenedores. Los conductos tienen un color gris oscuro que ayuda a diferenciarlos de las tuberías de agua y, cuando se instalan correctamente pegando las juntas, son impermeables. Esto significa que puede enterrarlos bajo tierra sin preocuparse de que la humedad se filtre en los cables y cause problemas. Los cables con revestimiento no metálico (NMC) como Romex no siempre se consideran la mejor opción en conductos rígidos, ya que esto puede provocar un sobrecalentamiento. Aun así, ninguna normativa dice que no se puede utilizar NMC para conductos rígidos. Si los instala correctamente y elige el diámetro correcto de los conductos, no debería tener problemas.

Los conductos flexibles no brindan protección contra condiciones externas, pero pueden usarse para enrutamiento y pueden facilitar la actualización del cableado si es necesario.

2. Tubos y conductos eléctricos de metal

Para el cableado exterior del hogar, un conducto rígido no siempre es la mejor respuesta. Afortunadamente, algunas alternativas se utilizan con frecuencia en la industria y pueden solucionar este problema. Los tubos de metal eléctrico (EMT) se crean con un revestimiento interior que hace que sea mucho más fácil y suave tirar de los cables. También están diseñados para proteger los cables contra impactos y campos magnéticos, e incluso hay un recubrimiento de zinc en el exterior para proteger el EMT contra la corrosión.

Una de las razones por las que los conductos rígidos no son una buena idea para el exterior del hogar es el aislamiento utilizado. A menudo es un bloque de aislamiento de espuma, lo que significa que debe cortar los paneles para que pueda acomodar el conducto. Hacerlo pone en peligro el aislamiento térmico y podría dar lugar a complicaciones en el futuro. Otra respuesta a este problema son los paneles de espuma diseñados con conductos añadidos específicamente para que pasen los cables eléctricos. Esos paneles de espuma a menudo tienen conductos horizontales y verticales para adaptarse a los cables Romex que puede poner en el exterior de su hogar. El diseño está hecho específicamente teniendo en cuenta las paredes corrugadas de los contenedores marítimos, por lo que se ajusta al patrón de corrugación y, al mismo tiempo, mantiene el aislamiento térmico de manera eficiente.

Cableado de red

Dejando a un lado las conexiones en el interior / exterior del contenedor, debe considerar las conexiones a la red. Como mencionamos anteriormente, tal vez su hogar de contenedores marítimos sea temporal, y si es así (y hay una casa residencial o un edificio al lado), puede usar un cable aéreo. Solo necesita encontrar uno adecuado para uso en exteriores y conectarlo a la red residencial, pero debe mantenerse por encima del nivel del suelo.

En cuanto a la opción más común, los contenedores permanentes requieren un método diferente. Debe enterrar el cable eléctrico en una zanja y usar un conducto rígido para esta conexión (el PVC de cédula 80 es ideal aquí). Para algunos países, la profundidad recomendada por las autoridades locales es de un pie y promedio, que es para ponerlo fuera de la profundidad de jardinería. Si su casa de contenedores marítimos está en un área más fría, aumente la profundidad para evitar que factores externos pongan en peligro el conducto y el cableado.

Cableado fuera de la red pública

Si bien el cableado de energía solar, eólica o hidráulica puede parecer menos desafiante que el cableado de la red pública, no está exento de complicaciones. Lo primero que debe saber es que dichos sistemas funcionan con voltajes de CC más bajos. Esto reduce el riesgo de electrocución, pero el cableado debe instalarse correctamente o, de lo contrario, enfrentará otros problemas y riesgos. El generador de energía es de bajo voltaje y es necesario transferir una gran cantidad de energía desde esta fuente para alimentar la casa, lo cual implica altos voltajes que no todos los cables pueden soportar. Con voltajes tan altos, el calor aumenta y, si no tiene el cable adecuado, se sobrecalentará y dañará todo el sistema, lo que aumentará el riesgo de incendios. Estos problemas se agravan porque las fuentes de energía fuera de la red pública suelen estar lejos de la casa, por lo que los cables son más largos; esto significa que el problema puede extenderse.

Consejos

Apague la energía: antes de realizar cualquier trabajo con cualquier cableado, asegúrese siempre de que la energía esté apagada en la caja de interruptores, una tarea simple. El riesgo de electrocución es siempre alto cuando se trabaja con cables eléctricos. ¡Haga todo lo posible para minimizar ese riesgo! Esto es particularmente más importante si ha terminado la fase de construcción inicial y ha pasado a conectar los cables a la red.

Comprenda los colores de los cables: los diferentes colores de los cables indican su función, por lo que debe comprender las funciones según los colores para saber en qué está trabajando. Por ejemplo, EE. UU. tiene un esquema de colores estándar: el negro y el rojo son cables activos, el blanco o verde es el cable de tierra y otros colores (como el azul y el amarillo) son para interruptores y otros fines específicos.

Nunca empalme cables: al conectar dispositivos a la red eléctrica, algunas personas empalman cables si la longitud no es suficiente; nunca debería hacer eso. Si la longitud no es suficiente, compre más cable, pero nunca empalme los cables durante el recorrido. El empalme de cables debe hacerse solo en la caja de fusibles.

Por último, pero no menos importante, solicite la ayuda de un electricista. Incluso si utiliza un método de bricolaje para todo el proceso de construcción, la electricidad es posiblemente la parte más importante y peligrosa de hacer en una casa de contenedores marítimos. Los errores en este punto pueden ser muy costosos, no solo en cuanto a dinero, también en vidas. Entonces, como mínimo, contrate a un electricista para que conecte el cableado a la red y termine el trabajo. Resultará mucho más seguro y significativamente más eficiente que si lo hace usted mismo.

Plomería

Lo siguiente de la lista de servicios públicos es la plomería, que incluye tuberías de agua y alcantarillado. Al igual que con la electricidad, deberá tener un plano de plomería que describa las ubicaciones de las tuberías que llevan el agua a la casa de contenedor, y las tuberías que sacan los desechos. Verifique los requisitos locales para saber si debe entregar un plano hidrosanitario para construir una casa de contenedores marítimos. Si es así, sería una buena idea que un ingeniero o un contratista lo elaboraran para usted, ya que estos planos son intrincados y requieren experiencia para realizarse correctamente. A continuación, le indicamos cómo puede instalar la plomería en su hogar de contenedores marítimos.

1. Identificar las líneas principales

Lo primero que debe hacer es identificar las líneas principales de agua y alcantarillado que probablemente corren debajo del lugar donde está construyendo su casa de contenedores marítimos. Este es un proceso delicado, y lo último que necesita es golpear accidentalmente una línea de agua al buscarla, o peor aún, una tubería de alcantarillado. Por lo tanto, en este paso es mejor contar con la ayuda de los contratistas de la compañía de agua o un ingeniero para que lo ayude a ubicar las líneas principales que corren debajo de su casa, y a marcar esas ubicaciones porque aquí es donde conectará las tuberías que entran y salen de su casa.

2. Disponga el espacio de la casa

Obviamente, todo este proceso se realiza al principio de la fase de construcción. Debe perforar los pisos de sus contenedores marítimos en la ubicación en la que planea instalar las líneas de plomería. Estos caminos deben hacerse con cuidado para no poner en peligro la integridad estructural del contenedor. Elimine los escombros y la suciedad después de perforar y busque las líneas principales a través del orificio, pero tenga cuidado de no romper la tubería de agua. Cuando encuentre las tuberías principales, disponga el espacio a su alrededor, allí hará las conexiones.

3. Apague la línea de agua

Después de dejar espacio para las conexiones a las líneas principales, comuníquese con la compañía de agua y pídales que cierren el suministro de agua para que pueda instalar la conexión. Luego, corte la tubería de agua principal y conecte de manera segura sus líneas de agua. ¡Haga esto correctamente para evitar conexiones con fugas!

Después, tome la conexión de la tubería y pásela por la tierra debajo de los contenedores marítimos para que pueda conectar las líneas a sus diferentes salidas. No olvide cubrir la zona que excavó cuando ubicó las tuberías.

4. Realice las conexiones internas

Ahora que tiene tuberías seguras que llegan a su casa de contenedores marítimos, es hora de hacer las conexiones. Conecte las líneas de plomería a los lavabos, inodoros y cualquier otra salida de agua en su casa. Asegúrese de que cada salida conduzca eventualmente al desagüe principal, y a la línea principal de plomería debajo de la casa.

5. Inspección

Estas conexiones y accesorios de tubería deben realizarse correctamente y de acuerdo con el código, y debe hacer arreglos para una inspección antes de terminar. Los grifos y todas las tuberías deben funcionar perfectamente, y el drenaje debe conducir directamente a las líneas principales sin fugas. Asegúrese de que el agua se drene normalmente de todos los lavabos, inodoros y bañeras sin obstrucciones ni goteras.

Instalación de las tuberías

Debe colocar correctamente las tuberías que atraviesan su casa de contenedores marítimos, y esto comienza con el plano hidrosanitario. Debe incluir la ubicación de todas las conexiones y las rutas que tomarán las tuberías. Por lo general, las tuberías de agua deben instalarse en la parte trasera de la casa y bajo tierra para que puedan protegerse de roturas u otros factores externos que puedan dañarlas.

Un hecho importante que necesita saber es la diferencia entre las líneas de agua y alcantarillado, y cómo se mueven. La presión de las líneas de agua es responsable del chorro de agua para ducharse o lavar. En cuanto a las líneas de alcantarillado, la gravedad hace que los residuos fluyan hacia abajo hasta llegar a la línea principal de aguas residuales. ¿Por qué es información importante? Dado que las líneas de agua funcionan a presión, si las tuberías suben, no será un problema. Pero las tuberías de alcantarillado deben tener una pendiente descendente para que la gravedad permita que los desechos fluyan hacia la línea principal de alcantarillado. Sin embargo, se recomienda cavar la misma zanja para las líneas de agua y alcantarillado.

Por lo general, las compañías de agua y los ingenieros recomendarán el uso de tuberías de PVC para las líneas de agua y alcantarillado; Sin embargo, existen otras opciones, según sus preferencias y presupuesto, como los tubos de cobre. Debe asegurar las tuberías que entran y salen de su contenedor con pequeños ganchos de metal y un cable de acero que garantizará que no se muevan ni se balanceen con el viento.

Notas sobre conexiones

Baño: el baño obviamente usa más agua que el resto de la casa, lo que debe tener en cuenta en su diseño. El tamaño y la ubicación de los lavabos, inodoros y bañeras también juegan un factor importante aquí y debe considerarlos porque está diseñando con un espacio limitado. Una buena idea es colocar la ducha cerca del suministro de agua principal, ya que consume mucha agua. Esto acortará la distancia que recorre el agua y le dará un mejor flujo.

En cuanto a los inodoros, debe invertir en un buen sistema de inodoros para su hogar de contenedores marítimos. La conexión debe ser fuerte y duradera. Buenas válvulas de entrada y salida para inodoros no son exactamente lujos, debe invertir para que funcione bien.

Alcantarillado: el alcantarillado debe hacerse de manera impecable, o de lo contrario podría provocar peligros para la salud y otros problemas. Los desechos provenientes de lavabos, inodoros y bañeras deben eliminarse de manera limpia y segura para mantener un medio ambiente saludable. Si bien la opción más común es conectar las líneas de alcantarillado a la alcantarilla principal, algunas personas optan por tanques sépticos biodegradables separados para tratar los desechos.

Consejos generales

Asegúrese de que las líneas de agua estén al menos a catorce pulgadas de distancia de cualquier línea de electricidad, teléfono o alcantarillado para evitar desastres en caso de que una tubería tenga una fuga.

Mantenga los baños y la cocina lo más cerca posible del desagüe principal en su diseño. Esto garantiza la mayor eficiencia en lo que respecta a la plomería, aunque es posible que esa opción no siempre sea accesible si opta por una casa de varios pisos.

Líneas telefónicas

Las líneas de agua y alcantarillado a menudo corren juntas en la misma zanja, y lo mismo puede decirse de las líneas eléctricas y telefónicas: puede hacer funcionar las cuatro en la misma zanja si lo hace bien. Las líneas telefónicas deben estar enterradas en el suelo. Debe perforar otro agujero en el contenedor para la línea telefónica. El método más sencillo es simplemente conectarlo a la toma de teléfono y listo.

Recuerde que, para los cimientos de *rafting* y zapata extendida, deberá instalar la línea telefónica antes de verter el hormigón. Puede pasar una tubería de PVC a través del hormigón para poder desconectar las líneas telefónicas más adelante.

Capítulo 7: Techos

Trabajar el techo

El techado es una parte esencial del proceso de diseño y la buena noticia es que tiene muchas opciones. Cuando reciba el contenedor, puede trabajar en el techo para ajustarlo como desee. La opción más fácil y económica es utilizar el techo con el que viene el contenedor. Pero está lejos de ser lo ideal. Dejar el techo del contenedor como está provocará problemas como acumulación de agua, óxido e incapacidad para controlar el calor dentro del contenedor sin el aislamiento adecuado. Los techos de los contenedores marítimos están hechos de acero y, en verano, esto podría convertir todo en un horno.

La buena noticia es que puede cambiar el techo del contenedor según sus preferencias, y existen un montón de opciones. Exploraremos estas opciones y lo que puede hacer con cada una.

1. Techo plano

Como acabamos de mencionar, el techo plano que viene con el contenedor es la forma más barata y rápida si tiene un presupuesto ajustado. Lo mejor de esta opción es que puede cambiarla más adelante o agregar otro techo. Un techo plano es duradero y podría durar años en su contenedor marítimo, por lo que no es exactamente una solución a corto plazo. Otra buena característica de las cubiertas planas es que requieren pocas modificaciones para mantenerse como están, pero debe minimizar los daños que podrían ocurrirles debido a las condiciones externas.

Acumulación de agua: el primer problema que puede encontrar con un techo plano es la acumulación de agua, lo que provoca óxido y una serie de otros problemas que comprometerán la integridad estructural de su techo. Para evitar que eso suceda, puede agregar lona para cubrir el techo de su contenedor y luego complementarlo con rollos de asfalto para ajustar la lona en su lugar y proporcionar una capa adicional de seguridad. Para mantener los rollos de asfalto en su lugar, deje un saliente de aproximadamente dos pulgadas cuando cubra el techo. Luego, atornille con pernos de acero de dos pulgadas desde la parte superior a través del asfalto y selle cualquier espacio alrededor del acero con masilla para evitar fugas si llueve.

Recuerde instalar el aislamiento antes de hacer todo esto. Cubra el techo con aislamiento como espuma en aerosol, luego la lona y el asfalto. Esto proporcionará una capa adicional de seguridad y aislamiento muy necesaria si algo se filtra a través de la lona y el asfalto.

2. Techo de cobertizo

Un techo de cobertizo tiene el techo inclinado, gran opción si desea cubrir el techo de su casa de contenedores marítimos. Lo bueno de este techo en particular es que es muy barato de hacer y también es simple. Todo el proceso de fabricación de un techo de cobertizo podría llevar unos días y luego puede instalarlo sobre su casa de contenedores marítimos. Los techos de cobertizo también funcionan bien con paneles solares y facilitan el uso de la energía solar, si esa es la fuente de energía de su elección. Esto se debe a que inclinar los paneles solares hacia el sol proporciona la máxima exposición a la radiación solar.

Otro gran beneficio del techo de cobertizo es que evita que el agua se acumule debido a su pendiente; Es una buena idea hacer que esa pendiente no corra hacia la entrada principal de su casa para evitar charcos frente a su puerta. Por lo tanto, haga el ángulo de la pendiente hacia la parte trasera de la casa. Un lado del contenedor será el extremo superior de la pendiente y el lado opuesto, el extremo inferior.

Para instalar un techo de cobertizo, necesitará algunas herramientas y habilidades. Es mucho más fácil en comparación con otros tipos, pero debe hacerlo con precisión para que el techo funcione bien. Entonces, ¿cómo se instala un techo de cobertizo?

Estructura del techo

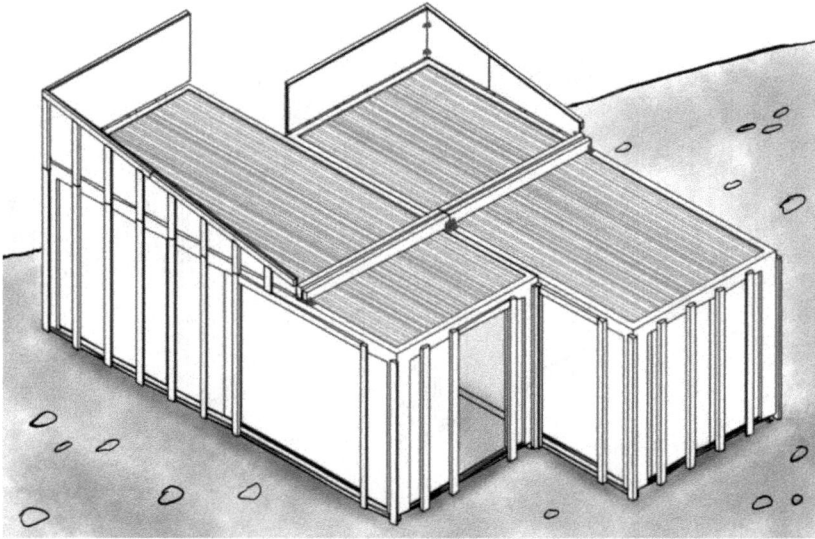

Cubiertas de la estructura

Lo primero que debe hacer es soldar placas de acero en ángulo recto que abarquen la longitud de los contenedores marítimos, en ambos lados; el propósito principal de esas placas de acero es anclar el techo del cobertizo al contenedor, por lo que no es opcional. En esas placas de acero, agregue vigas de madera a cada lado del techo del contenedor y luego atornille las armaduras a la viga de madera. El esqueleto del techo tomará forma. Luego, debe agregarles soporte estructural para estabilizar la estructura del techo. Puede colocar barras de acero o correas a través de las armaduras. No olvide agregar tirantes a las armaduras para protegerlas contra las cargas de viento.

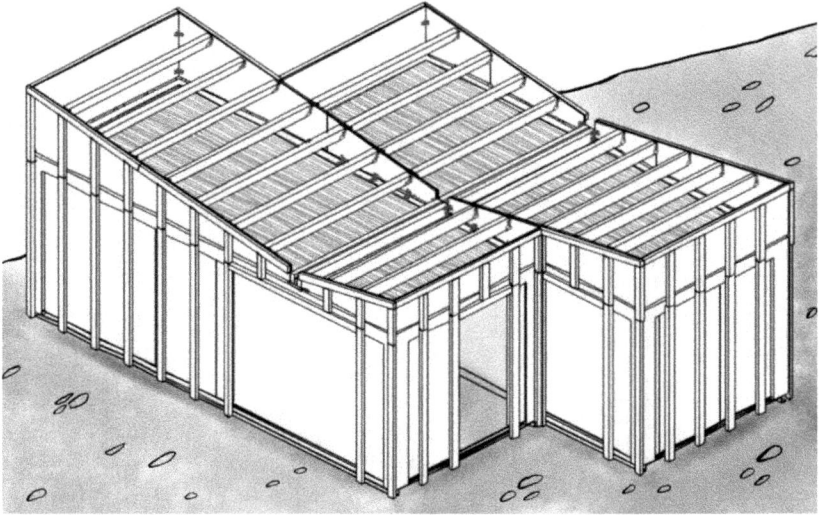

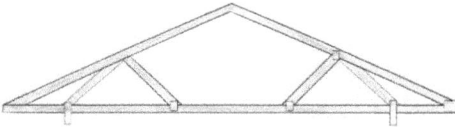

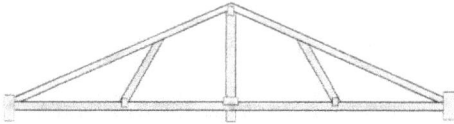

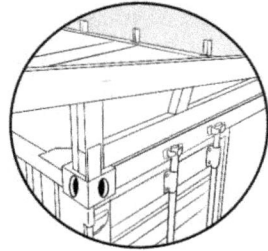

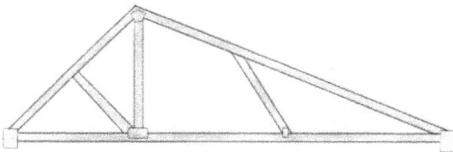

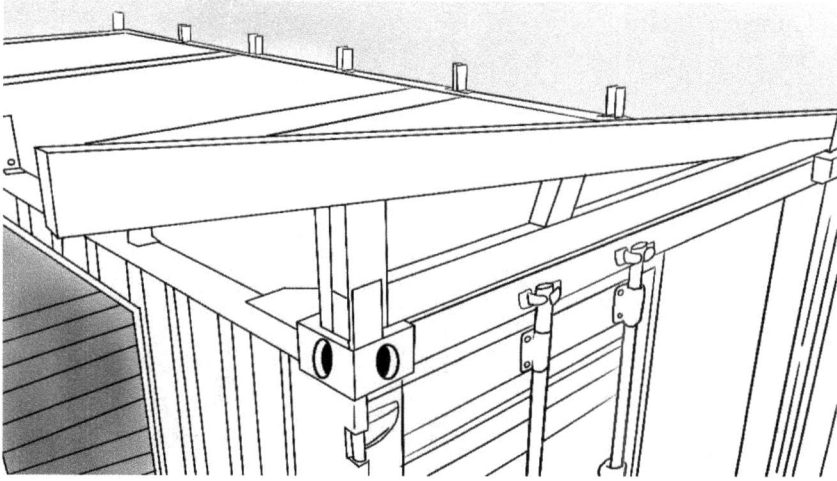

Consejos generales: debe colocar las cerchas o armaduras con una separación de dieciocho pulgadas, lo que suma aproximadamente 14 cerchas para un contenedor de 20 pies y el doble para un contenedor de 40 pies. Las cerchas deben atornillarse a la viga de madera utilizando la técnica de clavado sesgado, lo que significa golpear un clavo desde la derecha y otro desde la izquierda o viceversa. Otro punto muy importante para recordar es el refuerzo que usará para sus armaduras, que está relacionado con las cargas que soportarán como el viento, la lluvia y la nieve. Es mejor consultar a un ingeniero estructural que pueda asesorarlo sobre los requisitos de soporte de carga en su zona.

Cubrir el techo

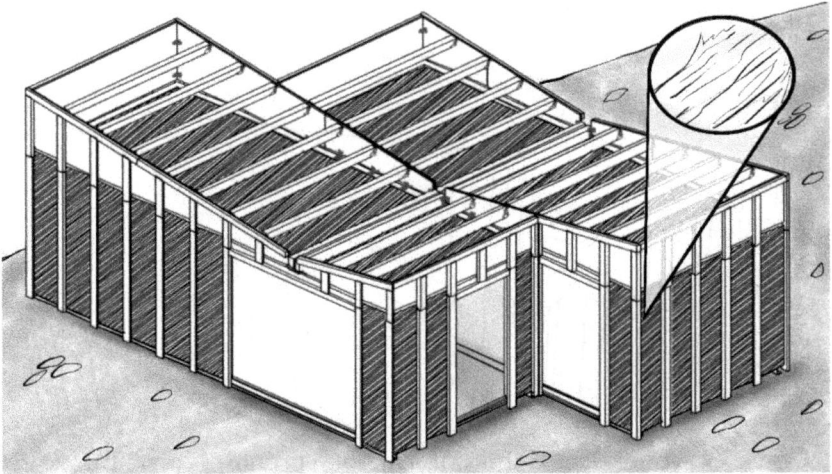

Instalación de aislamiento térmico

Una gran ventaja de los techos de cobertizo es que existen varias opciones de materiales para cubrir el techo, a diferencia del techo original de contenedor, que es solo de acero. Puede utilizar tejas, acero revestido o láminas de metal galvanizado. Cada tipo tiene sus pros y sus contras, y dependerá de usted elegir. Por ejemplo, las láminas de metal galvanizado son duraderas y fáciles de colocar, pero el acero revestido es la opción más duradera, aunque la más cara de las tres. Las tejas son la opción más barata y fácil de trabajar, si no tiene ayuda externa o grandes habilidades. Sin embargo, el principal problema con las tejas es que no duran mucho y necesitan un mantenimiento constante.

Ventilación

Independientemente del tipo de techo que utilice, debe asegurarse de que esté debidamente ventilado. Lo mismo con la parte inferior de su contenedor, dejando espacio para que el calor y el frío fluyan sin obstrucciones, de modo que no se redirijan a su casa. Para lograrlo con techos de cobertizo, debe dejar que las vigas sobresalgan una pulgada del contenedor. Agregue una imposta y una tabla de sofito debajo de las armaduras, y asegúrese de que la tabla tenga un espacio de aire en el centro para permitir que el aire entre y salga del techo, y cúbralo con una malla de alambre para evitar infestaciones de plagas.

3. Techo a dos aguas

Un techo a dos aguas es el tipo que se ve en la mayoría de las casas tradicionales, caracterizado por su forma triangular. También es una excelente opción para casas de contenedores marítimos que viene con un montón de beneficios, comenzando por sus excelentes características de drenaje de agua. Debido a su diseño triangular con pendientes en ambos lados, un techo a dos aguas asegura que no se formen charcos de agua sobre el techo de su hogar de contenedores marítimos. Esto reduce las posibilidades de cualquier fuga y también extiende la vida útil del techo en gran medida. A las personas también les gustan los techos a dos aguas, ya que brindan más espacio en el techo que otros tipos. Una última ventaja de los techos a dos aguas es que el espacio adicional permite un aislamiento mayor y más grueso, controlando así el calor de manera mucho más eficiente en las casas de contenedores marítimos.

Los pasos para instalar un techo a dos aguas son similares a los de los techos de un cobertizo. También se comienza soldando placas de acero en ángulo recto en ambos lados del techo, a lo largo del contenedor. A continuación, coloque las vigas de madera en las placas de acero. Después de eso, atornille las cerchas en las vigas de madera y luego coloque las correas. Recuerde dejar espacio para la ventilación, por lo que debe asegurarse de que las vigas sobresalgan del contenedor como con los techos de cobertizos. Igual que antes, agregue una imposta y una tabla de sofito debajo de las cerchas para ventilación. Cubra la tabla con una malla metálica para evitar problemas de plagas y mejorar la ventilación.

Al igual que en los techos de cobertizos, puede elegir entre tejas, acero revestido o láminas de metal galvanizado. Tendrán los mismos pros y contras, por lo que los factores de su elección son prácticamente los mismos.

Un último consejo sobre los techos y sus ajustes es obtener ayuda de un ingeniero estructural. Incluso si planea hacerlo usted mismo y tiene las habilidades y herramientas para hacerlo desde cero, es posible que aún necesite su ayuda, independientemente del techo elegido. Le ayudarán a calcular los requisitos de carga de su techo, que es básicamente el peso combinado que la estructura de su techo puede soportar sin colapsar. Esto no se refiere solo a cargas transitorias como el viento, la lluvia y el hielo. También lo ayudarán a calcular las cargas muertas que actúan sobre el techo del contenedor, como el peso de las armaduras, las correas o las tejas del techo, si las elige, y las cargas vivas, como el peso del equipo y las personas que trabajan en el techo.

Estos factores son relevantes en el diseño de su techo, y necesita la opinión de un experto. Algunas áreas, por ejemplo, sufren fuertes vientos, otras fuertes lluvias. Los criterios de diseño entre ambos casos serán diferentes, y no puede averiguar esos criterios por su cuenta sin la ayuda de un ingeniero estructural.

Capítulo 8: El interior

Trabajar en el contenedor

Hasta ahora, solo ha trabajado en la limpieza del contenedor y en el exterior, ya sea el techo o el aislamiento. Ahora es el momento de entrar en la parte interesante del proceso de construcción. Suponga que tiene el contenedor tal como está sin modificaciones prefabricadas. Dependerá de usted trabajar para eliminar las partes de las paredes que no necesita, hacer espacio para ventanas y puertas, y cualquier otra modificación que desee hacer para convertir su contenedor en el espacio habitable que tiene en mente.

Esta es la parte del proyecto donde sus manos se ensucian y necesitará todas las herramientas que pueda conseguir, desde cortadora de plasma hasta ruedas de corte. También sería una buena idea consultar con un ingeniero estructural en este momento para preguntar qué paredes se pueden quitar y qué se debe evitar para preservar la integridad estructural de los contenedores marítimos. Entonces, ¿por dónde empezar a adaptar el contenedor?

Contenedores contiguos

Uno de los cambios más comunes que hacen las personas al adaptar las casas de contenedores marítimos es abrir contenedores contiguos para aumentar el espacio de la casa. Mucha gente piensa que trabajar con metal es difícil o imposible, pero no lo es si tiene las herramientas adecuadas y sabe qué hacer. De cualquier manera, debe cortar muchas paredes para dejar espacio para puertas y ventanas, y abrir los contenedores. Cortar metal puede parecer abrumador, pero en realidad es fácil porque, si lo hace bien, los resultados pueden ser excelentes y limpios. Es un material que se puede moldear como quiera, lo cual es útil.

Quitar las paredes entre dos contenedores contiguos parece lógico para aumentar el espacio habitable y convertirlo en un contenedor grande, considerando el espacio reducido que tiene el interior de un solo contenedor marítimo. Lo primero que debe hacer es marcar y medir las paredes que debe quitar si se trata de varios contenedores. También es una buena idea pensar qué desea hacer con las puertas antes de comenzar a trabajar en las paredes. Supongamos que tiene tres contenedores uno al lado del otro, por ejemplo, ¿dejará las tres puertas intactas? O tal vez quiera incorporarlas al diseño de alguna manera. La última opción sería soldarlas y tratarlas como una pared ordinaria.

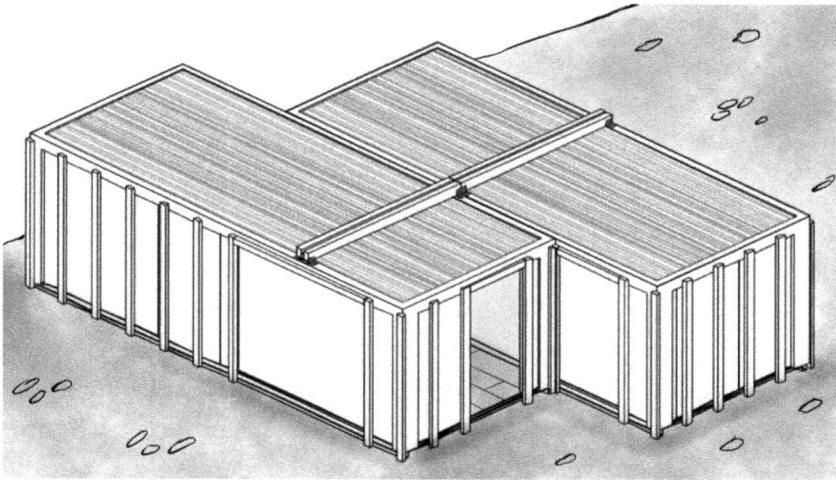

Instalación de estructura de unión de contenedores auxiliares

El truco para trabajar correctamente en contenedores contiguos es colocarlos uno al lado del otro exactamente como desea que queden. Si los ajustes se realizaron fuera del sitio, esta será la única tarea importante y lo único que debe hacer bien. Pero si realiza los ajustes en el sitio, es otra historia completamente diferente. Recuerde asegurarse de que los contenedores estén bien conectados entre sí con pernos, soldaduras o abrazaderas antes de comenzar a trabajar en las paredes contiguas. Luego, comience a trabajar con una rueda de corte o una cortadora de plasma y elimine el espacio de la pared que desea remover. Puede ser toda la pared o solo una parte dependiendo de su diseño, por lo que debe medir y marcar las partes que desea cortar antes de comenzar a trabajar.

Sería inteligente revestir las caras contiguas del contenedor con espuma en aerosol si no va a cortar toda la pared, permitiendo que las partes restantes de la pared tengan aislamiento. Después de cortar las paredes, suelde placas de acero en los espacios entre ambas aberturas para asegurar la integridad estructural de las paredes del contenedor, pero no después de rociar el aislamiento si aún no lo había hecho. Luego, simplemente conecte las piezas y termine.

Si los ajustes se realizaron fuera del sitio, solo tendrá que asegurarse de que las aberturas estén alineadas y las paredes interiores también estén alineadas correctamente. Tener planos claros desde el principio lo ayudará con esta parte, ya que sabrá exactamente cuáles serán las paredes eliminadas y cómo alinear los contenedores con precisión. Ya sea que esté ajustándolo en el sitio o fuera del sitio, verifique sus medidas y marcas porque las mediciones incorrectas pueden ser problemáticas en esta parte. Además, verifique las conexiones de la placa de acero entre las paredes y los techos contiguos y asegúrese de que no haya partes sueltas aquí o allá, ya que pueden poner en peligro la integridad estructural de toda la casa.

Consejo profesional: use equipo de protección, incluidos guantes, gafas y / o máscaras faciales si es posible. El metal cortado es afilado y puede ser peligroso, y lo agarrará con la mano a menudo en esta fase, por lo que debe tomar precauciones de seguridad.

Pisos: algunas personas se olvidan de soldar los pisos después de haber terminado de cortar las paredes. De la misma forma que soldó el resto de las paredes con placas de acero, debe hacer lo mismo con los pisos para convertir los múltiples contenedores en una sola unidad; lo último que necesita es entrar a su casa después de terminar y encontrar espacios entre los pisos. Dejando a un lado la estética, soldar los pisos también fortalece la integridad estructural de sus contenedores marítimos y, naturalmente, elimina las posibilidades de que las plagas se cuelen desde los pisos o se produzcan fugas.

Un último detalle muy importante es el refuerzo estructural si planea eliminar grandes trozos de las paredes contiguas. En ese caso, debe usar vigas de caja de acero para soportar la carga que viene del techo y el cielo raso, y deben correr a lo ancho de los contenedores en los que ha realizado cortes grandes. Suelde las vigas de acero al interior del techo del contenedor. Como siempre, consulte con un ingeniero estructural para que le indique exactamente las cargas que pueden soportar las vigas para saber qué tipo conseguir y de qué dimensiones.

Lo mejor de las paredes contiguas es que existen muchas opciones. A muchos propietarios de contenedores les gusta crear arcos entre los contenedores contiguos, lo que aumenta el espacio y se ve elegante. Da la ilusión de que el espacio es más grande de lo que realmente es. Si los arcos no son lo suyo, puede separar la pared de los contenedores contiguos en segmentos, algunos conducirán a habitaciones y otros a un espacio habitable compartido, por ejemplo. Las posibilidades son infinitas y realizar cambios a través de las paredes contiguas es bastante fácil, y tendrá flexibilidad.

Puertas y ventanas

Con las paredes ya abiertas entre los contenedores, su casa de contenedores marítimos debería estar tomando forma. A continuación, debe comenzar a trabajar en las puertas y ventanas y en los marcos que necesita para cada una. El primer paso para trabajar en ventanas y puertas es tomar medidas y marcar la ubicación en las paredes. Como siempre, estas medidas deben ser precisas y deben verificarse dos veces porque cambiará la estructura del contenedor, por lo que no puede permitirse cometer ningún error. Algunos expertos recomiendan usar plantillas de cartón para todas las puertas y ventanas que trabajará y marcarlas. Hágalo bien al primer intento.

Luego, corte las paredes del contenedor siguiendo las medidas que ha tomado para las puertas y ventanas. Use cortadora de plasma, ruedas de corte y cualquier herramienta que considere necesaria para hacer el trabajo. Además, al igual que con los ajustes de las paredes, recuerde usar equipo de protección porque las partes cortadas estarán afiladas y pueden lastimarlo si no tiene cuidado. Revise que todos los bordes ásperos estén limados y llene cualquier espacio en las paredes de metal con un sellador para asegurarse de que su casa de contenedores marítimos sea hermética y no permita la entrada de plagas. Lo que sigue es crear los marcos para las puertas y ventanas, y después, instalar las puertas y ventanas en los marcos.

Realizar las aberturas

Para hacer las aberturas para las paredes y los marcos, el proceso es más o menos el mismo que cortar las paredes del contenedor para hacer más espacio, lo que discutimos anteriormente. Como antes, tome medidas precisas de la abertura requerida y márquela en la pared del contenedor. Como mencionamos anteriormente, puede usar un modelo de cartón de la ventana (no olvide incluir el marco) que lo ayudará a obtener medidas exactas. Luego, corte las paredes con una cortadora de plasma u otras herramientas.

La cortadora de plasma es probablemente la mejor herramienta para este trabajo porque corta las líneas más limpias, y el acero cortado se puede reutilizar, a diferencia de otras herramientas que podrían dañar el acero de repuesto. Si no puede conseguir una, o no sabe cómo usarla, puede arreglárselas con una amoladora angular que hará el trabajo, aunque manejar esa herramienta es complicado porque las líneas no quedan rectas fácilmente, por lo que debe ser paciente. Por último, pero no menos importante, use un disco de solapa para limar los bordes y la abertura.

Cómo hacer los marcos

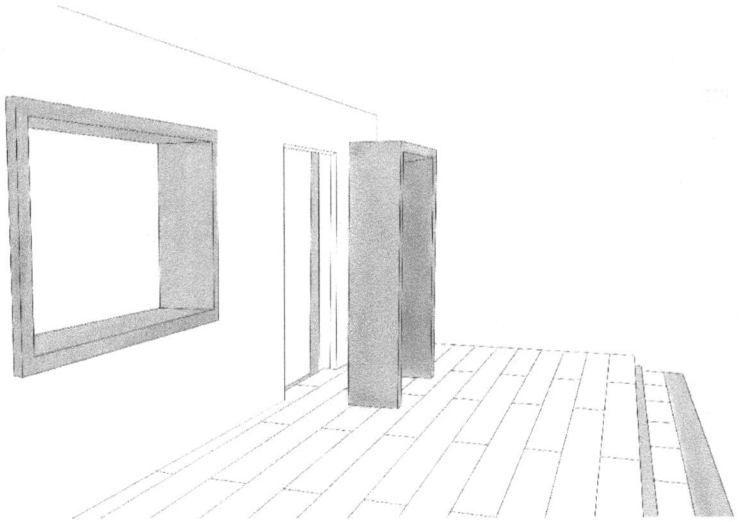

Antes de que pueda instalar las puertas y ventanas, debe hacer los marcos, lo que hará que su contenedor se vea como un hogar real. Puede pedir marcos prefabricados diseñados para puertas y ventanas, o puede hacerlos. Puede hacer un cuadrado con tubos de acero galvanizado con dimensiones de 50 x 50 mm y cortar varios tramos para el marco. Después de eso, coloque los marcos contra las puertas y ventanas para asegurarse de que las medidas sean correctas. Si encajan, retire las puertas y ventanas y suelde el marco. Para mayor estética y protección, alise el marco construido y luego píntelo con pintura galvanizada para resistir la corrosión.

Ahora, tiene sus aberturas y sus marcos, por lo que puede soldar los marcos al contenedor después de pulir los bordes y asegurarse de que estén lisos. Después de eso, es hora de colgar las puertas y ventanas.

Cómo instalar puertas y ventanas

Después de soldar los marcos a la abertura previamente hecha, es hora de instalar las puertas y ventanas. A continuación, cuelgue sus puertas y ventanas en los marcos fijos y suéldelos. También puede usar tornillos autorroscantes para asegurar las ventanas y puertas a su lugar si no es hábil con la soldadura, aunque la soldadura es una opción más duradera y requiere menos mantenimiento a largo plazo. Recuerde llenar cualquier espacio entre los marcos y el contenedor con un sellador para mantener su integridad estructural; preste especial atención a las esquinas porque son la parte más débil del marco. Debe volver a pintar las piezas metálicas con pintura galvanizada porque pueden rasparse durante el proceso de instalación.

Capítulo 9: Pisos

Una pregunta que muchas personas se hacen cuando se trata de casas de contenedores marítimos es si deben quitar los pisos existentes de los contenedores marítimos y agregar otros nuevos. Puede conservar los pisos originales si lo desea, y definitivamente es lo más barato y fácil de hacer. El principal problema de mantener los suelos originales es la seguridad. Como mencionamos un par de veces en el libro, los contenedores marítimos a menudo transportan materiales que pueden dejar residuos químicos que se adhieren a los pisos de madera. Además, los pisos de madera de los contenedores marítimos generalmente se tratan con pesticidas intensos, y los productos químicos que contienen pueden ser peligrosos para las personas que viven en el contenedor, por lo que debe reemplazar los pisos de madera contrachapada.

Podría pensar en buscar contenedores marítimos con piso sin tratamientos, pero es probable que no encuentre ninguno. Los contenedores marítimos promedio están diseñados para sobrevivir a los viajes de larga distancia en el mar y deben mantener el envío seguro durante esos viajes. El problema es que los pisos de madera contrachapada de los contenedores marítimos están hechos de maderas duras tropicales que atraen muchas plagas, por lo que deben tratarse en gran medida con pesticidas. Esto no es un problema si el contenedor se usa para transportar mercancías, pero usted planea usarlo como una casa residencial.

¿Puede pedir uno nuevo?

La única forma de evitar todo este problema de los pesticidas es pedir contenedores marítimos nuevos. Si es así, debe solicitar que los pisos de madera contrachapada no se traten con pesticidas. Incluso podría intentar ordenar contenedores marítimos con diferentes tipos de pisos en lugar de madera contrachapada, como bambú o acero, pero eso podría costar más.

Aun así, el hecho es que la mayoría de las personas no pide contenedores nuevos, sino que construyen sus casas con contenedores usados, y si tiene la intención de conservar los pisos de madera contrachapada originales, debe descubrir con qué productos químicos se han tratado. Afortunadamente, puede encontrar esos datos en la placa que generalmente se adjunta en la parte frontal del contenedor. Hay una sección llamada «tratamiento de componentes de madera» en la placa, y allí encontrará los productos químicos utilizados para tratar los pisos de madera contrachapada.

Deberá investigar un poco. Después de conocer los productos químicos que se utilizan para tratar los pisos de madera del contenedor, consulte la clasificación de pesticidas de la Organización Mundial de la Salud para comprender qué tan malos son los productos químicos para los seres humanos. Vale la pena señalar, sin embargo, que la información que encuentre en la placa de datos solo se referirá a los productos químicos utilizados para tratar los pisos. No incluirá información de si el contenedor transportó previamente envíos con materiales químicos o si algún producto químico fuerte se derramó en el piso. Entonces, siempre existe la posibilidad de que los pisos ya contengan peores químicos que los pesticidas.

Reemplazar pisos de madera contrachapada

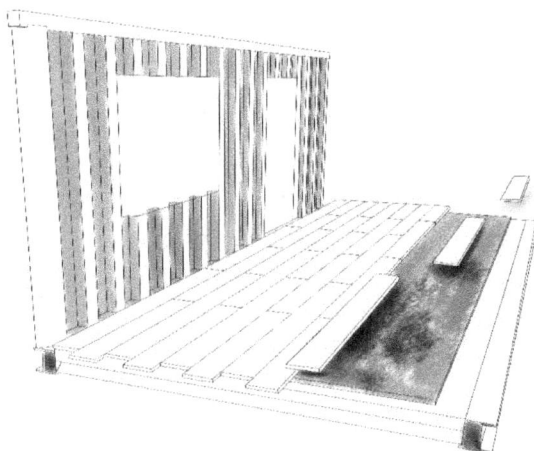

¿Tiene que quitar los pisos de madera contrachapada y reemplazarlos? No, no es así. ¿Es una buena idea? Sí, definitivamente lo es. Diferentes factores influyen en esta decisión, comenzando con su presupuesto, pero la mayoría de las personas quitan los pisos de madera contrachapada originales de los contenedores marítimos y los reemplazan por pisos nuevos solo para estar seguros. Ciertamente, es la opción más segura y no tendrá que preocuparse por el tipo de productos químicos que pueden permanecer en los pisos de madera. Entonces, suponiendo que desee seguir adelante con esto, ¿cómo puede eliminar los pisos de madera contrachapada existentes?

Extracción de los pernos del piso: primero debe comenzar cortando los pernos del piso. Puede usar una sierra de mano o una sierra alternativa, lo que tenga en su caja de herramientas. Primero localice los pernos del piso; los encontrará con una separación de 12 pulgadas a lo largo de los travesaños. Haga este paso con delicadeza para evitar dañar la parte inferior del contenedor y, lo que es más importante, use gafas protectoras.

Quitar el piso: a continuación, con una palanca, retire los paneles del piso forzándolos hacia arriba y luego tírelos fuera del contenedor. No es difícil esta tarea, pero podría llevar mucho tiempo, especialmente si se trata de un contenedor de 40 pies en lugar de uno de 20 pies. Después de quitar los pisos existentes, puede agregar los nuevos.

Aislar: lo mejor de deshacerse de los pisos de madera contrachapada es que facilita mucho la aplicación de aislamiento en esa parte del contenedor. Normalmente, aislar la parte inferior del contenedor es complicado y debe hacerse mientras una grúa levanta los contenedores. Pero cuando quita el piso, tiene acceso a los travesaños del piso, por lo que puede aplicar espuma en aerosol o panel de aislamiento antes de poner los pisos nuevos.

Podrá instalar cualquier tipo de suelo que desee. La parte inferior del contenedor está aislada, los pisos de madera contrachapada químicamente atados se retiran y todo lo que queda es instalar el piso nuevo.

Mantener el piso de madera contrachapada

Como mencionamos anteriormente, no es necesario que retire los pisos de madera contrachapada si no desea hacerlo, pero hay algunas cosas que debe hacer para minimizar los riesgos. Esto es lo que puede hacer.

Recuerde que puede agregar láminas impermeabilizantes antes de agregar subsuelos o cualquier otra cosa para asegurarse de que la permeabilidad de sus pisos sea mínima, como se muestra en el diagrama a continuación.

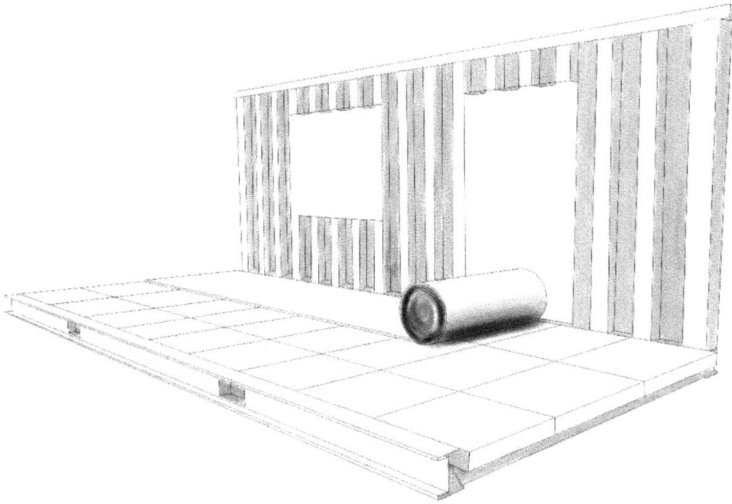

1. Instale los contrapisos

Si los pisos de madera contrachapada existentes no están seriamente dañados y desea conservarlos, puede agregar un contrapiso. Esto le ayudará a evitar el peligro de posibles productos químicos que puedan permanecer en la madera contrachapada y que se filtren en su espacio vital. Para asegurarse de que esos productos químicos en el piso estén contenidos, primero debe sellar el piso. Comience por limpiar a fondo la madera contrachapada existente, puede usar alcohol isopropílico para esta tarea. Luego, agregue una capa de epoxi de baja viscosidad, que es excelente para contener la humedad y funciona perfectamente en condiciones de humedad. Una capa de epoxi suele ser suficiente para sellar el piso, pero puede usar dos para estar más seguro.

Deje que el epoxi se seque para que pueda contener los vapores dañinos que pudieran estar goteando del piso original. Sería bueno agregar una capa de aislamiento de espuma para proporcionar aún más aislamiento a toda la casa. Luego instale una capa de madera contrachapada sobre las capas de espuma y epoxi. Después, taladre las capas de madera contrachapada nuevas y originales con tornillos para fijarlas en el piso nuevo.

2. Tratamiento de los suelos originales

Si agregar un contrapiso no le interesa y simplemente le gustaría mantener el piso original como está, entonces deberá tratarlo primero. Como mencionamos anteriormente, el riesgo con los pisos de madera contrachapada originales de los contenedores radica en el hecho de que pueden emitir vapores y humos peligrosos, ya sea de plaguicidas previamente agregados o de envíos. Para deshacerse de esos humos, debe contenerlos. Para ese propósito, también usaremos epoxi. Es el sellador perfecto para este caso y evitará que los vapores se filtren al resto de la casa. También querrá limpiar el piso con alcohol antes de agregar el epoxi.

3. Hormigón

Esta es otra opción si desea conservar el suelo original. Lo mejor del hormigón es que no necesitará agregar epoxi para sellar el piso, ni agregar un contrapiso. Simplemente verterá el hormigón directamente sobre el piso de madera contrachapada original y creará una capa de sellador natural cuando se seque. El hormigón también puede ser el producto terminado, por lo que este será el piso que usará en su casa de contenedores marítimos.

Muchas ventajas vienen con el uso de hormigón para los pisos. Es fácil de limpiar, es bastante duradero y puede servir bastantes años. También puede trabajar con hormigón y crear su diseño. Se puede teñir si quiere cambiar el color o pulirlo y darle un acabado brillante. La desventaja de usar hormigón es que absorbe el frío, por lo que podría hacer más frío durante el invierno. Otra desventaja de usar hormigón es que requiere la aplicación de acero como mencionamos anteriormente, aunque este paso no es tan complicado como podría pensar. Solo agregará barras de acero a lo largo y ancho de sus pisos para formar una cuadrícula, pero asegúrese de que estén al menos a una pulgada más arriba de la madera contrachapada original. Suéldelos a una distancia de un pie entre uno y otro, y vierta el hormigón.

Últimos retoques

Agregar pisos nuevos o dejar el original (después de tratarlo) no es el final de las renovaciones de los pisos. Termine el trabajo en el piso del contenedor antes de comenzar a revestir el interior y la estructura. Después, será hora de agregar algunos toques finales a los pisos. Aparte del hormigón, puede agregar baldosas, alfombras o una nueva capa de laminado para cubrir los pisos. Muchas personas eligen pisos de madera, pero cuestan más.

Una cosa que debe considerar al determinar cómo desea terminar sus pisos es el clima. En un clima más cálido, no desea un piso que pueda irradiar calor, sino uno que pueda ayudarlo a enfriarse. Una gran opción es el hormigón, como mencionamos anteriormente, pero también puede usar baldosas y laminados. Estos pisos mantienen temperaturas frías y ayudan a mantener fresco su espacio vital cuando hace calor. Por otro lado, si vive en una zona más fría, la alfombra es su mejor opción porque no transfiere el frío tanto como el hormigón o las baldosas. La desventaja de las alfombras es que es un poco más difícil de limpiar, pero da calor en climas fríos, lo que compensa ese problema.

Agregar baldosas

Lo mejor de las baldosas es que son fáciles de limpiar y pueden tener diseños increíbles que le encantarán, y mantienen la casa fresca en climas cálidos. Al colocar las baldosas, la apuesta más segura es colocarlas a lo largo y ancho de los contenedores marítimos, cuyas dimensiones ayudan a que esto sea mucho más simple y no necesitará demasiados cortes especiales. Si bien puede agregar las baldosas antes o después de enmarcar el interior, se sugiere que las ponga después. Poner las baldosas antes de enmarcar las paredes significa que debe cortar las baldosas para que se ajusten a la corrugación de acero, pero si lo hace después de enmarcar, simplemente cortará las baldosas como lo haría con cualquier hogar tradicional.

Colocar baldosas puede parecer fácil, pero es un poco más complicado de lo que piensa; hay un arte en ello. Tiene que saber por dónde empezar y qué patrón le gustaría seguir porque hay bastantes opciones. Puede colocar baldosas al lado de una pared y dirigirse a la pared opuesta, colocándolos fila por fila. O puede comenzar en el centro del contenedor y moverse desde allí, lo cual es ideal si desea colocar los mosaicos en diagonal o en un patrón determinado; Aun así, este método significa que cortará todas las baldosas adyacentes a las paredes. Si planea hacer un patrón o colores alternos, primero debe probarlo colocando sus mosaicos antes de comenzar el proceso. Pruebe una maqueta de cómo se vería y qué podría funcionar y qué podría no funcionar.

Esto también le ayudará a trabajar rápidamente, ya que el adhesivo se endurece bastante rápido, por lo que necesita saber qué está haciendo y qué baldosas van a continuación. En resumen, prepárese antes de comenzar a colocar las baldosas en un patrón determinado, le ahorrará mucho tiempo y esfuerzo. Algunas personas se dedican a las baldosas para ganarse la vida, por lo que es posible que no sea tan fácil como cree. Debería seguir un patrón simple si nunca ha trabajado con baldosas.

Para el adhesivo, existen algunas opciones. Puede usar mortero de capa delgada (una mezcla de cemento, agua y arena fina) o adhesivo de baldosas para pisos. El mortero se seca aproximadamente en un día completo, y no debe caminar ni colocar nada encima hasta que expiren las 24 horas completas. Por otro lado, el adhesivo para baldosas se fija mucho más rápido, dependiendo del tipo que esté utilizando. También es mucho más fácil de trabajar, especialmente si es nuevo en todo esto. El problema con el adhesivo es que su capacidad de resistencia al agua no es buena. Se puede dañar fácilmente si tiene una gran entrada de agua, una inundación, por ejemplo, y perderá su poder adhesivo. El adhesivo también puede sufrir si tiene un movimiento significativo y constante encima durante períodos prolongados. El mortero de capa delgada es más duradero y tiene una mayor capacidad de resistencia al agua. Es mejor usar adhesivo con vinilo y linóleo, mientras que el mortero funciona mejor con baldosas de cerámica y porcelana.

Tenga cuidado al usar mortero y adhesivo porque se secan bastante rápido, así que no cubra espacios grandes mientras trabaja. En cambio, trabaje un pequeño espacio a la vez y luego coloque las baldosas en el área donde está el adhesivo. Coloque el material y cubra todo el espacio que pueda trabajar en unos diez minutos. Coloque la primera baldosa, presione sobre y continúe con la siguiente. Utilice siempre espaciadores de baldosas en las esquinas porque le ayudan a mantener una alineación adecuada entre las baldosas y evitará pequeños cambios en los ángulos, que pueden ser problemáticos en el futuro. Asegúrese de que las baldosas estén correctamente niveladas; puede usar un nivelador de burbuja para esto. Trabaje todas las baldosas con el mismo método.

Si bien ahorraría mucho tiempo colocando directamente las baldosas sobre la madera contrachapada del contrapiso, es posible que las baldosas no queden de manera uniforme. Algunos expertos recomiendan agregar una capa de hormigón sobre el piso de madera contrachapada para asegurarse de que la superficie sea lisa y uniforme, y luego poner las baldosas, lo que garantizará un acabado mucho más uniforme. El hormigón también es una superficie mucho mejor para usar con mortero o adhesivo para pisos.

Alfombras

Si vive en un clima más frío, las alfombras son definitivamente la mejor opción, especialmente si le gusta caminar descalzo por su casa. También puede agregar una alfombra si le gusta cómo se ve y se siente, y lo mejor de las alfombras es que tienen muchas opciones en términos de diseño y estética. El principal desafío al que se enfrentará con las alfombras es que es más engorroso limpiar, pero el lado positivo, es fácil de colocar.

Sin embargo, no puede simplemente colocar la alfombra en el piso de los contenedores marítimos. Primero debe agregar pinzas para alfombras, piezas delgadas de madera con alfileres puntiagudos que sobresalen de un lado, para mantener los bordes de la alfombra en su lugar. Por lo tanto, agregue las pinzas para alfombras en los bordes del contenedor o en la habitación que desea revestir con alfombra, y asegúrese de que las pinzas estén clavadas al piso o en su lugar con adhesivo. Asegúrese de dejar un pequeño espacio de 1 cm entre las pinzas y las paredes. A continuación, lo más inteligente es agregar una base de alfombra, que proporcionará una amortiguación cómoda y hará que sea mucho más fácil caminar sobre las alfombras. Una base de alfombra estándar tiene espuma en un lado y goma en el otro, y debe colocar esa última parte sobre las pinzas y desenrollarla de pared a pared. Elimine el exceso de la capa base cortándola con una cuchilla. Haga lo mismo en cualquier área de alfombras y asegúrese de que la base esté colocada cómodamente sobre las pinzas para alfombras. Conecte cualquier espacio entre las capas superpuestas con cinta de alfombra para evitar inconsistencias de nivel en su alfombra.

Luego puede colocar la alfombra que haya elegido. Corte las dimensiones exactas para que la alfombra encaje cómodamente en la habitación y haga lo mismo con otras habitaciones de la casa. Para colocar la alfombra, comience en una esquina y revise que esté asegurada con la pinza de alfombra. Deje un espacio de alrededor de 2 pulgadas, ya que la alfombra se estirará. Cuando haya terminado con la primera esquina, pase a la siguiente a lo largo de la pared, uniendo la alfombra a las pinzas a lo largo del camino y ajustándola correctamente. Tenga un cuchillo de uso general para que pueda cortar cualquier exceso de alfombra, y que encaje perfectamente en la habitación.

Pisos Laminados

El piso laminado es una de las mejores y más elegantes soluciones para terminar los pisos, pero es mejor hacerlo después de enmarcar el interior de la casa. Es fácil de instalar y puede colocarlo sobre un contrapiso o cualquier clase de piso, por lo que ciertamente simplifica las cosas. La mejor manera de comenzar con las baldosas laminadas es comenzar en el extremo más alejado de la habitación, colocando las baldosas de izquierda a derecha y avanzar hasta llegar al lado opuesto: la puerta. Haga lo mismo para cada habitación, pero ajústela en consecuencia. Siempre es mejor trabajar desde el lado opuesto hacia la puerta y avanzar hasta llegar al umbral.

Los pisos laminados a menudo vienen con lengüetas y ranuras para que pueda colocar cada baldosa en la siguiente. Deslice el que tiene en la mano en un ángulo inclinado contra el que ya está colocado, bájelo y luego deslícelo cómodamente contra la baldosa hasta que quede en su lugar. Haga lo mismo con todas las piezas hasta que termine la primera fila y haga lo mismo después. Es posible que deba cortar la última baldosa de la fila para que se ajuste al espacio, y debe obtener las medidas correctas al hacerlo. Coloque la baldosa nueva sobre la antigua, marque la longitud que necesita para que encaje, corte a lo largo de la marca y luego colóquela.

Recuerde que siempre es recomendable dejar los pisos laminados para después de que haya terminado de enmarcar las paredes interiores, o de lo contrario debe cortar las baldosas laminadas para que se ajusten al corrugado de la pared de acero como mencionamos anteriormente. Por lo tanto, siempre es mejor enmarcar las paredes primero para que no tenga que dedicar tanto tiempo a este proceso difícil. Otro consejo, mientras se trabaja con laminado, sería inteligente alternar las juntas; puede hacerlo utilizando las secciones descartadas de la fila anterior y comenzar así en la siguiente. Esto es importante porque asegura que las juntas nunca se alineen entre sí.

Capítulo 10: Enmarcados y techos

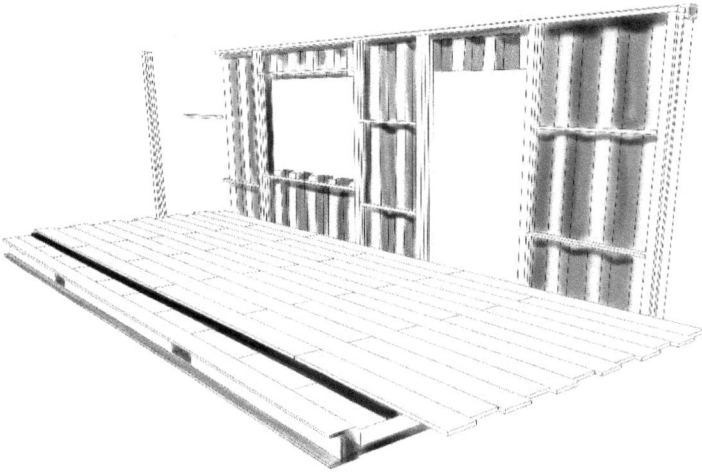

Instalación del perfil

En este punto, el caparazón de su hogar está prácticamente completo. Instaló el techo, agregó ventanas y puertas, y el piso está casi terminado. Lo que viene a continuación es transformar el plano abierto de su hogar de contenedores marítimos en habitaciones separadas, también conocido como enmarcar la casa. En esta etapa, siempre consulte el plano para que pueda comprender dónde deben agregarse las paredes interiores y cómo separará las habitaciones. La función principal de esas paredes es dividir las habitaciones, por lo que no puede ponerlas al azar sin verificar los planos que tiene con base en el cableado, los sistemas eléctricos, la plomería y otros servicios.

Si bien la mayor parte del trabajo de enmarcado se realiza dentro de la casa, también puede optar por enmarcar las paredes exteriores de su hogar, aunque eso no es una necesidad. Sin embargo, proporcionará más aislamiento y también un marco para paneles de pared o si desea colgar paneles de yeso. También le dará la oportunidad de trabajar para darle a su hogar un hermoso acabado desde el exterior si lo desea. En cuanto a los materiales utilizados para las paredes de entramado (otro nombre para los marcos), puede utilizar acero o madera. El acero le dará aproximadamente una pulgada adicional alrededor de las paredes interiores, pero es más costoso y también necesitará herramientas específicas para trabajarlo, que puede no tener. La madera es naturalmente más barata, pero no obtendrá el perímetro adicional de 1 pulgada alrededor de las paredes interiores, pero eso rara vez presenta un problema.

Paredes interiores

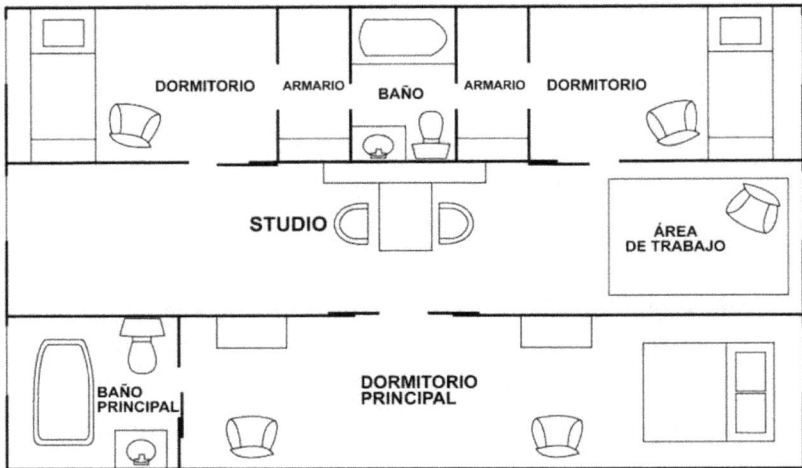

Tomemos como ejemplo el plano del encuadre interior. Suponiendo que se trata de dos contenedores de 40 pies, las paredes interiores en negro son las que se necesitan enmarcar. Las paredes divisorias siempre deberán estar enmarcadas, pero también tendrá que cortar las paredes durante el proceso de ajuste para dejar espacio para las paredes divisorias.

1. Radiante

El montante promedio consta de listones, una placa de cabeza y una placa de piso. Lo primero que debe hacer para enmarcar es configurar las vigas. Las vigas de cabecera tienen la longitud superior de la pared en lugar de las vigas de piso que se extienden a lo largo de la parte inferior de la pared. Entonces, comience colocando las placas de cabecera de todas las paredes interiores en las que trabajará y alinee los espacios. Use tornillos autorroscantes de 2 pulgadas y media para conectar las placas de la cabeza al techo, y la placa de la base puede atornillarse o clavarse de manera similar. Asegúrese de que el espacio entre los clavos o tornillos sea igual y mida alrededor de 2 pies. Debe hacer esto antes de poner la terminación del piso.

2. Los listones

Después de instalar las vigas, debe colocar los postes o listones. Aquellos toman la longitud vertical de la pared desde la cabeza hasta el suelo. Puede atornillar o clavar los listones tanto en la parte inferior como en la superior. Utilice clavos de 5 cm / 2 pulgadas o tornillos autorroscantes para este proceso. De cualquier manera, el mejor método para esto es seguir un patrón de inclinación para obtener la mejor estabilidad lateral posible. Atornille o clave cada listón dos veces en un ángulo de 25 grados desde la vertical, lo que ayudará a aumentar la resistencia de las paredes a las cargas laterales. Este patrón se realiza tanto para la cabeza como para la parte inferior del perno. La mejor manera de hacerlo es comenzar por revestir las paredes interiores de su contenedor y luego moverse hacia adentro en las paredes divisorias que separan las habitaciones interiores.

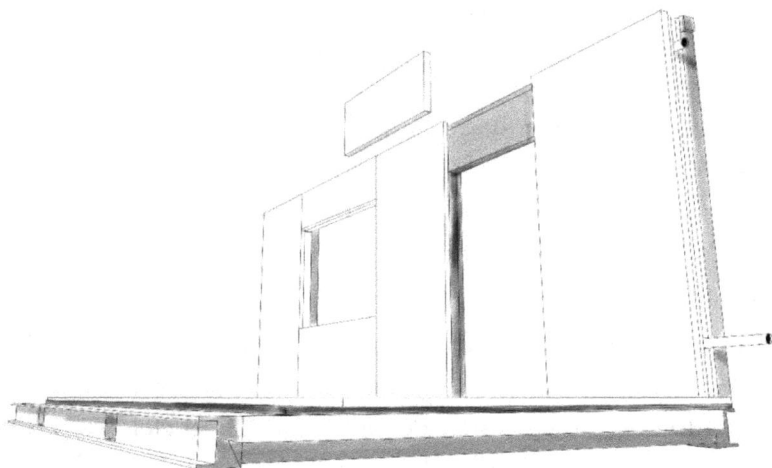

Instalación de paredes y tabiques

Puertas Interiores

Si hace paredes interiores, probablemente también tendrá bastantes puertas interiores dentro de su casa de contenedores marítimos. Este es otro proceso en el que es imprescindible volver al plano. Utilizará el plano en paralelo con la construcción de las paredes interiores porque debe considerar cada puerta, al poner las paredes interiores. Es necesario que haya un revestimiento de listones a cada lado de la puerta y una viga horizontal (*noggin)* en la parte superior, que recubre la parte superior del marco de la puerta y también proporciona soporte para el acabado de la pared que sobresale por encima de la puerta. Además, tenga mucho cuidado de no agregar listones donde habrá una puerta porque necesita que este sea un espacio abierto, así que nuevamente, vuelva a los planos.

Después de terminar con los montantes y considerar la ubicación de las puertas, es hora de poner las puertas internas. Simplemente las colocará en la abertura del marco y las clavará cuando esté seguro de que están niveladas. También existe la posibilidad de comprar puertas enmarcadas, lo que significa que simplemente las instalará en la abertura de los montantes. Recuerde que esta configuración es ideal para placas de yeso livianas y las vigas de soporte pueden soportar esa carga. Pero si va a utilizar placas de yeso pesadas, necesitará un poco más de refuerzo. Consejo: si está utilizando marcos más pesados, reduzca el espacio entre los listones y colóquelos aproximadamente a 1 pie de distancia.

Si dos bordes de las placas de yeso adyacentes se juntan, ubique un listón allí para asegurarlas y garantizar la integridad estructural. Otro punto que discutiremos a continuación es el cielo raso. Puede instalar el cielo raso antes o después de los montantes, pero cada método definirá los pasos siguientes. Si pone el cielo raso después de enmarcar el interior de la casa de contenedores marítimos, debe colocar vigas en el techo del contenedor, y las placas superiores deben estar unidas a esas vigas. Si pone el cielo raso primero, las placas superiores se unirán directamente al material que elija para su cielo raso. Esta no es la mejor opción y es posible que no funcione con algunos diseños, por lo que es mejor enmarcar el contenedor primero y luego instalar el cielo raso.

Instalación del cielo raso

La instalación del cielo raso, al igual que la instalación del techo, es una elección personal que depende de sus preferencias. No es necesario que coloque uno, pero sin duda hará que el lugar se vea mucho más elegante y más acorde con su estilo. Sin embargo, un techo expuesto también tiene sus ventajas porque muestra la naturaleza de su casa de contenedores marítimos, por lo que podría tener un atractivo estético propio. Aun así, agregar un cielo raso produce un mayor aislamiento y, por lo tanto, un mejor control del calor / frío, e incluso podría proporcionarle espacio de almacenamiento. Como mencionamos anteriormente, poner el cielo raso antes o después de los montantes también es una cuestión de elección, pero debe hacerlo después de enmarcar las paredes. Tiene algunas opciones con los cielorrasos, comenzando por mantener el original.

Techo expuesto

Un techo visto significa dejar el original del contenedor, que, como mencionamos, va a mostrar el trabajo puesto en la casa para convertirla en lo que es. También le proporcionará altura adicional, ya que no hay adiciones. Los techos expuestos son los favoritos de los entusiastas del bricolaje, ya que implican un gran ahorro de tiempo y dinero. Pero sepa que significa menos aislamiento, por lo que podría pagar ese dinero y más en facturas de servicios públicos durante el invierno y el verano. El óxido y el moho pueden representar problemas en el futuro debido a la condensación que se filtra al techo desde el interior de la casa, pero no tiene que ser demasiado grave y puede solucionar estos problemas fácilmente si ocurren.

Sin embargo, no se recomienda omitir el cielo raso si no agregó un techo adicional. Mantener tanto el techo original como la cubierta original significa que tendrá poco aislamiento, si lo hay, lo que puede ser bastante problemático para una casa de contenedores marítimos. Entonces, suponga que no desea agregar un cielo raso al interior de los contenedores. En ese caso, definitivamente es una buena idea agregar un techo adicional en el exterior para que pueda aumentar el aislamiento y amortiguar los efectos del sol que golpea durante todo el día. Sin duda, la mejor opción es agregar un cielo raso al interior de su contenedor. Si esa no es una opción, al menos debe asegurarse de tener un techo adicional.

Si no desea dejar la cubierta expuesta, debe instalar un cielo raso. Puede empezar así.

Hay algunas formas diferentes de instalar el cielo raso a sus contenedores marítimos, pero instalar vigas en el techo es la mejor manera. Use tornillos autorroscantes de dos pulgadas y media para conectar la viga directamente al techo de su contenedor. Como mencionamos anteriormente, otra forma es clavar las vigas en las placas superiores si enmarca primero la casa. Para ahorrar unas pocas pulgadas de espacio para el aislamiento, debe comenzar por unir las vigas directamente a las vigas del techo de su contenedor, pero esto obviamente debe hacerse antes de enmarcar el contenedor y agregar montantes. Luego, puede colocar las placas superiores a las vigas después de enmarcar el cielo raso si hace esto.

Asegúrese de que las vigas estén colocadas con 1.5 pulgadas entre sus centros, lo que le dará espacio más que suficiente para el aislamiento. Luego, puede agregar aislamiento entre las vigas para mejorar aún más el aislamiento del contenedor. Después de eso, agregue paneles o paneles de yeso sobre las vigas y atorníllelos en su lugar.

Acabado de paredes interiores

A estas alturas, ya ha enmarcado el interior de su contenedor, agregado aislamiento y está cerca de terminar el trabajo de su hermosa casa de contenedores marítimos. Los contenedores marítimos deberían estar tomando forma cada vez más, y puede pasar a lo siguiente, terminar el trabajo de las paredes interiores. Si mira sus paredes interiores ahora, tendrá listones por todas partes, y aunque no se ven mal, el lugar parece una construcción. Es por eso que el primer paso para terminar el trabajo de las paredes interiores es colgar paneles de yeso o paneles de madera bellamente diseñados que pueden darle a su casa la sensación de hogar por primera vez desde que comenzó el proyecto.

Lo mejor de esta parte del proyecto es que es divertida y también tiene muchas opciones para trabajar. Puede comenzar a colgar paneles de yeso, y si hizo todo lo correcto en el proceso de diseño, esta parte debe implicar un corte mínimo. Por lo tanto, levante los paneles de yeso y cuélguelos para que sus extremos se puedan fijar a los listones. Puede usar madera dura si lo desea, y se fijará directamente a los listones.

Cubrir los listones

El objetivo es eventualmente cubrir los listones para mejorar el aspecto general de los contenedores marítimos y preparar el panel de yeso para pintar si así lo desea. Debe cubrir los listones con paneles de yeso o paneles de madera, lo que prefiera. La mejor manera de agregar paneles de madera o yeso es empezar por ventanas y puertas y luego moverse hacia las paredes opuestas. Asegúrese de que los paneles estén escalonados horizontalmente para evitar que las uniones terminen en el mismo listón, lo que provocaría grietas en unos pocos años y otras complicaciones.

También debe colocar los paneles de manera que se alineen con el centro del listón. Puede que no sea fácil alrededor de aberturas como puertas y ventanas, pero funcionará si le pone un poco de esfuerzo. Cada tabla que coloque debe estar correctamente sujeta desde todos los ángulos. Atornille las tablas a través de los listones, las placas superiores e inferiores y las vigas horizontales. Coloque los tornillos a una distancia de 8 pulgadas entre sí. Repita los mismos pasos tanto en dirección vertical como horizontal hasta que esté seguro de que la placa está colocada correctamente.

Cuando se trabaja con placas de yeso, siempre se recomienda utilizar tornillos diseñados específicamente para ese propósito. Los tornillos para placas de yeso generalmente están recubiertos con fosfato y vienen con una cabeza avellanada. Además, cuando intente instalar placas de yeso o paneles de madera dura en sus contenedores marítimos, hallará espacios incómodos, lo que significa que tendrá que hacer algunos cortes. Por lo tanto, mida la placa, márquela (use un nivelador de burbuja) y luego córtela e instálela en el lugar mientras se asegura de que los bordes encajen perfectamente.

Terminar las paredes

El siguiente paso lógico es pintar los paneles que ha colgado. Tiene muchas opciones, y algunas personas pueden simplemente colgar paneles de madera y terminar. Pero la mayoría prefiere pintar sobre el panel por su valor estético y para darle a las paredes un hermoso acabado. Puede pensar que, dado que el panel está en su lugar, puede ponerse manos a la obra y empezar a pintar, pero no siempre es así.

Pintar sobre el panel de yeso directamente puede causar protuberancias visibles en algunos lugares y depresiones en otros alrededor de los tornillos. Si bien las empresas de placas de yeso más recientes han intentado abordar este problema diseñando paneles de yeso que no necesariamente resaltan estos niveles de la superficie, siempre es mejor agregar una capa de yeso sobre el panel. Esto hará que sea mucho más fácil pintar la superficie, además de brindar una capa adicional de protección para la pared.

Puede pintar sin yeso, asumiendo que está utilizando modelos más nuevos de paneles de yeso, pero en ese caso, sería inteligente rellenar los orificios de los tornillos y cualquier otro espacio con un compuesto para juntas. Puede usar una espátula para agregar el compuesto en los agujeros pequeños y asegurarse de nivelar el compuesto tanto como sea posible para evitar que sobresalga cuando pinte. También puede encontrar algunos espacios entre los paneles de yeso a lo largo de las paredes, los cuales se pueden sellar con cinta para juntas a lo largo de los bordes. Después de eso, estará listo para pintar.

Como mencionamos, existen un par de opciones para terminar el trabajo de las paredes. Mientras que algunas personas elegirán pintura, otras optarán por chapa de madera o yeso texturizado, según sus preferencias personales. Estas son las opciones para finalizar las paredes.

1. Pintura

Después de preparar las paredes para pintar, es lógico que pinte las paredes. El panel de yeso está listo, puede agregar yeso y comenzar a pintar. Para las casas de contenedores marítimos, los colores más claros son siempre la mejor opción porque harán que el espacio parezca más grande de lo que realmente es y abrirán el lugar. Una de las mejores características de la pintura es el hecho de que es barata y no requiere demasiado tiempo. Algunas personas que trabajen en una casa de dos contenedores pueden hacer el trabajo en un par de días. Entonces, aquí le mostramos cómo puede comenzar a pintar el panel de yeso de su casa de contenedores marítimos.

Limpiar: lo primero que debe hacer es limpiar el espacio y deshacerse de cualquier cosa que no quiera que se cubra de pintura. Retire las herramientas y cualquier otra basura que pueda impedirle alcanzar las paredes. Y asegúrese de que las paredes también estén libres de polvo, así que límpielas de antemano con un paño húmedo y déjelas secar por completo.

Proteja el resto de la casa: no hace falta decir que pintar puede ensuciar y, a menos que desee que los pisos recién instalados se llenen de salpicaduras, debe cubrir los pisos y cualquier otra parte que no vaya a pintar. Coloque telas protectoras en el piso para prevenir cualquier derrame o goteo de pintura. También cubra puertas, ventanas, enchufes eléctricos, interruptores de luz, perillas de puertas y cualquier otra parte de la casa que desee mantener protegida de la pintura.

Entender la pintura: pintar no es simplemente encontrar un color que le guste, conseguir un par de latas e ir a trabajar en las paredes. Hay muchas cosas que debe conocer y comprender sobre la pintura. Pregunte sobre el mejor color de pintura para su hogar de contenedores marítimos. Los pinceles o rodillos que utilizará dependerán del tipo de pintura o de su uso. Por ejemplo, la pintura a base de agua necesita pinceles sintéticos, mientras que la pintura a base de aceite solo se puede utilizar con pinceles naturales.

Preparación de la pintura: después de obtener la pintura y las herramientas adecuadas, puede comenzar a trabajar. Primero, si está usando más de una lata de pintura, asegúrese de mezclarlas todas en un cubo o tina más grande para que pueda obtener el mismo color en las paredes. Agita la pintura antes de usarla y mézclala con un trozo de madera. Consejo profesional: cierre puertas y ventanas si trabaja en condiciones de humedad porque la humedad puede dañar la pintura.

De arriba a abajo: un consejo que obtendrá de cualquier pintor profesional es trabajar desde arriba hacia abajo la pared. Si ha instalado un cielo raso y desea pintarlo, comience por ahí. Luego, baje hasta el piso. Tenga cuidado de cubrir las paredes y las juntas del cielo raso con cinta adhesiva si está usando diferentes colores en ambos para evitar que se mezclen donde no desea.

Después de terminar el cielo raso, trabaje en las paredes, también de arriba hacia abajo. Si está pintando las paredes con un rodillo, asegúrese de que los trazos sean largos y de arriba hacia abajo. Para garantizar la consistencia del color y el grosor, coloque la franja del rodillo a medio camino entre las franjas anteriores y siguientes. Además, no opte por capas más gruesas; en cambio, aplique varias finas para obtener consistencia y un acabado magnífico. Si hay zonas con cinta, retire la cinta y use pinceles para trazar con precisión las partes restantes, pero tenga cuidado de no pasar por los bordes.

2. Paredes de madera

Afortunadamente, si pintar no es lo suyo, tiene muchas otras opciones. Puede colocar paredes de madera real en lugar de instalar paneles de yeso para pintar. Esto significa que la madera se colocará sobre los montantes, pero primero debe agregar *Visqueen* (marca de láminas de plástico de polietileno) para cubrir los montantes y su aislamiento. Clave el *Visqueen* a las paredes de los marcos, después estírelo por toda la pared, y solo entonces podrá agregar el acabado de madera real. Lo mejor de usar madera real para el acabado de la pared es que tiene un montón de opciones.

Una de las mejores maneras de hacerlo es usar listones de pino machihembrados, que se colocan contra los marcos, pero aquí trabajará desde el piso hacia el cielo raso, a diferencia de la pintura. Asegúrese de que las juntas estén escalonadas y que los listones estén fijadas a los marcos. El proceso no es complicado, aunque lo más probable es que le lleve más tiempo que pintar. Asegúrese de haber medido el exceso de longitud de cada tabla para poder cortarla en consecuencia, especialmente para la última fila.

Lo mejor de los acabados de pared de madera real es que les dan una sensación rústica a los contenedores marítimos de su casa y se sentirá como en una cabaña en el bosque. También es un acabado muy simple de hacer, y uno de los más impresionantes visualmente. Este método también requiere poca habilidad y puede hacerlo con un mínimo de herramientas y equipo.

Si bien las paredes de madera real son geniales, son un poco más caras. Puede probar una alternativa, como paneles de vinilo que se pueden instalar sobre el panel de yeso. El truco con el vinilo es cortarlo para que se ajuste al espacio de las paredes, sobre las ventanas y puertas, alrededor de interruptores y tablas, etc. El vinilo es ideal para áreas con mucha humedad como la cocina o el baño, especialmente si se pone con masilla.

Capítulo 11: Ideas de diseño de interiores

A) Ahorro de espacio

Ahora que casi ha terminado con el interior de su hogar de contenedores marítimos, tal vez sea el momento de pensar en ideas de diseño para hacer que el lugar se vea y se sienta un poco más grande. Si bien puede agregar más de un contenedor marítimo para maximizar el espacio de su casa, no siempre es una opción debido a las restricciones presupuestarias y, a veces, debe que conformarse con lo que tiene. El valor predeterminado de los contenedores marítimos es que son ajustados, por lo que debe calcularse cada paso que da, ya sea el estilo de los muebles que usará o su ubicación.

En la siguiente parte, exploraremos ideas de diseño para ayudarlo a aprovechar al máximo el espacio que tiene sin sentir que es demasiado estrecho. También hablaremos de muebles adecuados y mucho más.

1. Entresuelo

La instalación de un entrepiso es una de las mejores ideas que puede ejecutar en su hogar de contenedores marítimos para ahorrar espacio. Básicamente es un piso intermedio entre el suelo y el techo, en el que puede jugar con ideas de diseño para ahorrar espacio. Por ejemplo, algunas personas agregan el entrepiso y lo convierten en un espacio habitable, en el que puede ubicar un sofá, colgar su televisor en la pared opuesta y simplemente relajarse en su hogar. Debajo del entrepiso, puede poner la cama y convertirlo en dormitorio.

Claro, esto ocupa gran parte del espacio libre de un contenedor, pero también le ahorra mucho espacio de la casa que puede usar inteligentemente como desee. El entrepiso del ejemplo permite tener el dormitorio debajo de la sala de estar con el mismo espacio. Incluso puede jugar con los muebles para aprovechar al máximo el espacio, de modo que el sofá del piso superior se pueda plegar en una cama, etc. Discutiremos los muebles que pueden ayudarlo a ahorrar espacio más adelante.

2. Agrega un tablero de clavijas

Los tableros de clavijas son un elemento bastante útil para tener en cualquier casa, especialmente en una de contenedores marítimos. Son excelentes para almacenar artículos más pequeños que normalmente ocuparían demasiado espacio en el armario y en los cajones. Puede almacenar todos sus utensilios de cocina como sartenes, espátulas, cuchillos, tamices, trituradoras y mucho más si pone el tablero de clavijas en la cocina. Tal vez necesite espacio para su taller de arte, para poder colgar sus pinceles, bolígrafos de dibujo, cintas, tijeras o cualquier cosa que use para sus proyectos artísticos.

El uso de un tablero despeja espacio en los escritorios, en los cajones y en toda la casa. Simplemente colóquelo en la pared, agregue ganchos al tablero de clavijas y puede comenzar a usarlo como su espacio de almacenamiento personal de la manera que quiera. También se puede usar un tablero de clavijas en el garaje para almacenar herramientas y en cualquier otro lugar de la casa. Lo mejor de los tableros de clavijas es que vienen en diferentes tamaños. Solo necesita calcular el tamaño de donde lo necesita, dependiendo de los artículos que almacenará allí, y luego puede conseguir uno de tamaño estándar o más de uno y usarlos juntos.

3. Use espacios muertos

A menudo hay bastantes espacios muertos alrededor de una casa promedio, ya sea una casa de contenedores marítimos o una casa tradicional. Con un toque de creatividad, esos espacios se pueden utilizar con gran eficacia y pueden ayudarlo a ahorrar mucho espacio. Puede comenzar con el espacio debajo de su cama. Muchas personas ponen la cama y terminan, pero la cama promedio ocupa mucho espacio utilizable, lo cual es bastante valioso en un espacio relativamente pequeño como los contenedores marítimos.

Por eso es necesario aprovechar ese espacio. Hay diferentes formas de hacerlo. Muchas camas vienen con marcos especiales que ya contienen cajones debajo del colchón, y conseguir uno de esos puede resultar útil. Esto incluso podría evitarle la necesidad de un armario en el dormitorio porque básicamente lo tiene debajo de la cama, por lo que podría guardar la ropa allí.

Otro espacio a menudo infrautilizado en las casas es el de debajo de las escaleras. Si apiló contenedores marítimos en su diseño, esto significa que tiene al menos un segundo piso, y habrá escaleras que conducen a ese piso. Siempre hay espacio que puede utilizar debajo de las escaleras si agrega algunos estantes y se pone un poco creativo. Puede guardar libros, utensilios de cocina o cualquier cosa que necesite guardar.

Estos son solo ejemplos de espacios de la casa que se pueden utilizar si se toma el tiempo de considerarlo. Si piensa lo suficiente, seguramente encontrará otros que se pueden aprovechar en mayor medida.

4. Doblar

Una de las formas más inteligentes y geniales de ahorrar espacio en una casa de contenedores marítimos es doblar todo, o cualquier cosa que se pueda doblar. Esto puede parecerle exagerado, pero se ha hecho a menudo antes y muchas personas han invertido tiempo y esfuerzo en tales métodos y consiguieron casas maravillosas con espacios adecuadamente utilizados.

Básicamente, puede doblar, girar o rotar todo en su hogar cuando no lo esté usando, si lo diseña correctamente. Su cama puede sacarse de una pared y convertirse en una cama de tamaño completo. Puede tener toda su cocina escondida detrás de paneles de madera que se pueden plegar. Lo mismo ocurre con los espacios de almacenamiento y los sofás. Todo se puede plegar con el diseño adecuado. Puede que no sea perfecto para todos, pero ciertamente puede ahorrar una tonelada de espacio.

5. Instale puertas empotradas

Para ahorrar espacio en su hogar de contenedores marítimos, debe ser creativo con sus ideas de diseño de interiores, no hay forma de evitarlo. Una excelente manera de jugar con el diseño es instalando una puerta corrediza. Una puerta corrediza es similar a la puerta de un granero, pero lo mejor es que se retrae hacia un espacio oculto (bolsillo) en la pared en cambio de abrirse hacia la habitación. Esto significa que toda la pared será de uso libre cuando se abra la puerta.

Por lo tanto, no habrá una puerta que ocupe espacio de ningún lado de la pared, y también puede ser creativo con el espacio vacío. Puede agregar muebles adyacentes a la puerta, estantes o cualquier cosa. Esta es la razón por la que las puertas corredizas son ideales para las casas de contenedores marítimos, ya que pueden ayudarle a maximizar el espacio.

Si cree que tiene espacio para ello, también puede instalar una puerta de granero. Tiene su propio diseño rústico y único que parece una puerta de granero real, pero sepa que el riel que sostiene la puerta del granero está montado en la pared, por lo que ocupa espacio, a diferencia de las puertas corredizas. Los espacios vacíos de las paredes resultan útiles, como veremos en un momento, así que a menos que le guste mucho el diseño elegante de la puerta de granero, las puertas corredizas son mejores.

6. Mobiliario

Los muebles de su casa de contenedores marítimos desempeñarán un papel fundamental, no solo para hacer que el lugar se vea agradable, sino también para ahorrar espacio. Cada pieza que obtenga debe tener una cuidadosa consideración del espacio de su hogar para saber si el mueble ayudará a ahorrar y utilizar el espacio. Invierta en muebles multitarea que puedan servir para más de un propósito, lo que le ayudará a maximizar el espacio de su casa.

Un gran ejemplo de mobiliario multiusos es un sofá que se convierte en cama. Si vive solo en una casa de un solo contenedor, por ejemplo, un sofá de este tipo será de gran utilidad y puede ahorrarle mucho espacio y maximizar la sala de estar. Su sala de estar y su dormitorio podrían ser el mismo, donde simplemente pliegue y despliegue el sofá para cambiarlo de cama a sofá o viceversa. Incluso si vive con otras personas, un sofá plegable es bastante útil y puede acomodar a los invitados y ayudar a hacer espacio para muchas cosas. Aquí hay diferentes tipos de sofá cama.

Tumbona

Una tumbona es una de las adquisiciones más elegantes para cualquier hogar, y es muy útil en espacios reducidos a pesar de parecer algo grande. Es una silla extendida que brinda apoyo a las piernas, es para una sola persona, por lo que tiene un respaldo corto. Puede que no sea perfecta para dormir durante la noche, pero es excelente para descansar un poco o ver la televisión.

Futón

No solo se ve exótico y elegante, probablemente debido a su estilo japonés, sino que también es bastante funcional. Un futón es un colchón que se pliega a lo largo y, se convierte en un sofá. Entonces, lo desdobla cuando quiere dormir y luego lo dobla en forma de «L» cuando quiere un sofá.

Sofá plegable

A primera vista, el sofá plegable (también conocido como sofá cama) parece un sofá tradicional, pero hay una gran diferencia. Cuando retire los cojines del sofá cama, encontrará un colchón doblado y un marco que se puede extraer para formar una cama. Lo bueno es que el cojín en el que duerme es distinto a la superficie del sofá en el que se sienta.

Canapé

Los sofás cama se ven bastante elegantes en cualquier casa, y también son muy funcionales. El diván tiene un colchón sencillo para dormir, con una cabecera que se extrae para formar la cama. Cuando se usa como sofá, la cabecera es el respaldo.

7. Aprovechar las paredes

Una cosa que debe hacer para aprovechar al máximo el espacio de sus contenedores marítimos es aprovechar las paredes. Mencionamos anteriormente que puede colgar tableros de clavijas para utilizar paredes vacías, pero hay mucho más que se puede hacer. No tiene una tonelada de espacio en la casa de contenedores marítimos para instalar armarios y gabinetes grandes, pero tiene muchos espacios pasados por alto en las paredes que puede usar. Sus paredes son tan activas como el espacio del piso.

Si trabaja mucho desde casa, es posible que necesite una oficina en casa. No hace falta decir que conseguir un escritorio grande no es práctico y puede ocupar mucho espacio. Afortunadamente, hay una alternativa. Puede montar un escritorio plegable en una pared, que es una de las mejores formas de utilizar el espacio en lugares más reducidos. Puede usar su escritorio para trabajar o lo que sea, y cuando haya terminado, se pliega contra la pared, lo que le ahorra espacio para moverse o hacer lo que quiera. Un escritorio plegable usa soportes o patas para sostenerlo desde la parte inferior y cables o cadenas desde la parte superior. También puede usar el espacio encima del escritorio, por lo que puede agregar algunos estantes y poner flores, libros o lo que desee para decorar el área.

Otro gran uso de las paredes es colgar soportes para TV. Si compra un televisor, podría ser de tamaño considerable y colocarlo sobre una mesa consumiría demasiado espacio. Considere otras opciones. Puede montar el televisor en la pared y, así, no necesita una mesa ni un soporte. Lo mejor de los soportes para TV es que hay muchas opciones, y algunas le permiten ajustar el ángulo de visión a su gusto para que pueda ver la TV desde varios ángulos. En otras palabras, puede usar el mismo televisor para más de un espacio, lo que ahorra tiempo y espacio en la casa.

Por último, pero no menos importante, los ventiladores montados en la pared son otra excelente manera de aprovechar las paredes dentro de su hogar de contenedores marítimos. Si bien los ventiladores de pedestal son excelentes, ocupan espacio del piso. Los ventiladores de techo, por otro lado, ocupan altura del techo en un espacio ya limitado. Es por eso que una mejor opción sería montar los ventiladores en las paredes. Esto le brinda los beneficios de los ventiladores de techo y los ventiladores independientes.

Naturalmente ahorra espacio en el contenedor y le brinda exactamente el tipo de frescor que necesita.

8. Poner espejos

Los espejos abren espacios y hacen que los lugares parezcan mucho más grandes de lo que realmente son. Un espejo instalado inteligentemente en una habitación dará la ilusión de que el espacio es más grande de lo que es. Esto no significa que deba cubrir todo el contenedor con espejos. Vienen en diferentes diseños y algunos funcionarán mejor en ciertas habitaciones. Por lo tanto, investigue un poco y encuentre espejos que funcionen con su espacio, agregando superficies reflectantes para que las habitaciones parezcan más grandes de lo que son.

Todas estas son ideas de cómo aprovechar al máximo el espacio interior de la casa de contenedores marítimos, pero si se dio cuenta, la mayoría de estas ideas están relacionadas con las paredes. Desde espejos, tableros de clavijas y soportes hasta puertas corredizas, requieren algún tipo de paredes interiores. Pero ¿qué pasa si desea reducir las particiones dentro de su hogar, eso significa que no podrá disfrutar de su casa de contenedores marítimos? No. Puede separar los espacios dentro de los contenedores marítimos de muchas maneras que no implican el uso de paredes. Estas opciones suelen tener sus pros y sus contras. Aquí hay ideas que puede probar para habitaciones sin paredes.

Cortinas

Las cortinas son una excelente opción si desea separar habitaciones sin paredes. Puede utilizar cortinas de tela colgantes, con materiales de su preferencia y de las características de su casa de contenedores marítimos. Por ejemplo, si usa una tela pesada y oscura, puede evitar que la luz se filtre en una habitación y también funcionará como una barrera de sonido. Por otro lado, el uso de telas más ligeras separa las habitaciones y deja entrar algo de luz y aire, sin mencionar el sonido.

Si quiere algo un poco más moderno, puede probar las cortinas con cuentas. Le dan un cierto estilo al lugar y son excelentes separadores de ambientes. Lo bueno de las cuerdas verticales con cuentas es que dejan entrar mucha luz y sonido en la habitación. También puede elegir los colores y diseños de las cuentas como desee, y hay bastantes opciones para elegir. Algunos diseños incluso crean imágenes cuando están colgados, como una estantería, plantas, retratos de artistas y mucho más.

Podría optar por algo un poco más oriental y agregar un separador de ambientes plegable. Se ven bastante elegantes y realzan la decoración de cualquier habitación. El tipo más popular son los divisores triples. Lo mejor de esta opción es que también existen un montón de diseños y materiales diferentes para elegir, por lo que lo más probable es que encuentre algo que complemente sus gustos y lleve el estilo de la habitación al siguiente nivel.

B) Iluminación

La iluminación es uno de los pilares básicos de cualquier hogar. Algunas personas piensan que la iluminación solo sirve para iluminar un espacio, pero es mucho más que eso. La iluminación puede llevar el estilo general de los contenedores marítimos a un nivel completamente nuevo si hace todo lo correcto. A menudo, con las casas de contenedores marítimos, no es solo el estilo de lo que debe preocuparse, sino también la funcionalidad. No puede agregar bombillas incandescentes viejas y esperar que salga bien. Estas son bombillas enormes y requieren accesorios aún más grandes para sostenerlas y, como ya sabrá, el espacio es valioso y escaso en una casa de contenedores marítimos.

Afortunadamente, la tecnología de iluminación ha evolucionado a lo largo de los años y ahora tenemos luces LED, que brindan una luz mejor y más fuerte, mucho menos aparatosa. Las lámparas LED son pequeñas y no tiene que preocuparse tanto por el accesorio que sostiene la luz como sucedería con las opciones más antiguas.

Debido a su tamaño compacto, las lámparas LED ahorran espacio en el piso, la mesa y el techo, lo que le permite aprovechar al máximo el espacio de sus contenedores marítimos. Lo más importante es que consumen poca energía, lo que significa que le ahorran dinero en facturas de servicios públicos. Con la iluminación, tiene bastantes opciones para su hogar de contenedores marítimos.

Luces indirectas: esta es una excelente opción para cualquier espacio, no solo una casa de contenedores marítimos. Es elegante, con estilo y le da un ambiente diferente a todo el lugar. La luz indirecta no cae directamente sobre la habitación o el espacio habitable que desea iluminar. Rebota en el techo, la pared, el suelo u otros objetos, por lo que básicamente nunca ve la luz directamente. Cuando rebota, la luz se amortigua con un efecto hermoso.

Una de las mejores formas de crear ese efecto es mediante el uso de tiras de LED. Son flexibles y fáciles de mover, por lo que puede colocarlas detrás de un espejo, biblioteca, fotografías o cualquier otro lugar, y le darán un brillo suave que hace que toda la habitación se vea hermosa sin el molesto resplandor. Las tiras de LED también se pueden colocar debajo de los gabinetes, alrededor de los mostradores y en otros lugares que desee iluminar de manera discreta y elegante.

Luz directa: siempre puede optar por opciones de iluminación directa dentro de su casa de contenedores marítimos, donde la luz de la lámpara incide directamente en el espacio habitable. Para este tipo de iluminación, necesitará accesorios para sus bombillas, así como interruptores. Hay muchas opciones aquí, ya sea que desee agregar lámparas o candelabros, aunque la última opción es necesario meditarla bien dado el espacio limitado del techo en una casa de contenedores marítimos.

Puede jugar con las luces directas agregando focos, lámparas de escritorio, lámparas verticales y mucho más. Pero al hacer los cálculos, considere el espacio de los contenedores marítimos para evitar que las lámparas abarroten el lugar.

Luces LED sin rebote: son una excelente opción para una casa que tiene bajo el techo porque son delgadas y se empotran en las paredes. Si bien los modelos más antiguos de luces de lámparas empotradas son excelentes, requieren mucho espacio vertical, alrededor de seis pulgadas, lo que las hace menos ideales para casas de contenedores marítimos. Sin embargo, otros modelos requieren solo dos pulgadas de espacio libre del techo y la mayor parte está escondida en la caja eléctrica, por lo que la lámpara en verdad usa alrededor de media pulgada, lo cual es excelente para ahorrar espacio en el techo de los contenedores marítimos.

Armonía de colores

Una última cosa de la que hablar en cuanto al diseño de interiores de su hogar es el color. Hablamos anteriormente sobre la pintura y la importancia de los colores más claros para hacer que el lugar parezca más grande de lo que es, pero el color va más allá de los colores de las paredes de sus contenedores marítimos. También tiene muebles, ropa de cama y muchas cosas que debe seleccionar cuidadosamente para lograr armonía entre todos los elementos de la casa.

Los colores de las paredes y los muebles deben combinar y realzar el espacio, sin llegar a sentirse demasiado duros o contrastantes, para que funcionen con fluidez. Esto es particularmente importante en una casa de contenedores marítimos donde el espacio es limitado y desea asegurarse de que todo combine sin esfuerzo, ya sea en términos de color o diseño. Esto no significa necesariamente que todo tenga que ser del mismo color, pero las cosas deben funcionar bien sin que las habitaciones o los muebles sobresalgan como un pulgar adolorido.

Si necesita ayuda con esta parte, puede consultar a un diseñador de interiores. Puede preguntarle qué colores funcionan bien juntos y cuáles no, y cómo puede seleccionar tonos que se complementen entre sí y hagan que su lugar parezca más grande y espacioso. Si desea un método de bricolaje para el color de su casa de contenedores marítimos, hay algunos recursos que puede usar para obtener los mejores resultados cuando se trata de color.

Existen herramientas en línea que pueden ayudarlo a producir tonos armoniosos y mezclar y combinar otros. Existen softwares como Colormind, Adobe Color, Coolors y Paletton. Básicamente, todas estas herramientas hacen lo mismo, que es ayudarlo a producir combinaciones de colores que funcionen con su diseño y experimentar con los colores hasta que encuentre lo que está buscando. Tienen diferentes interfaces de usuario, pero todas tienen la misma función, más o menos, ¡y todas son gratuitas! Por lo tanto, experimente con esos programas hasta que encuentre las combinaciones de colores que necesita para su casa de contenedores marítimos.

También podría experimentar con más que colores porque ¿quién dijo que tiene que pintar paredes y terminar allí? Puede considerar el papel tapiz que viene en diferentes patrones emocionantes y únicos y puede darle a su lugar un estilo increíble. Los murales también son impresionantes y se ven majestuosos si elige el diseño correcto. El punto es, las opciones son ilimitadas, así que tómeselo con calma y considere todas las opciones posibles desde todos los ángulos.

Capítulo 12: Soluciones de sostenibilidad

Dejando a un lado el diseño de interiores, debe pensar en formas de mejorar la sostenibilidad de su hogar de contenedores marítimos. Una de las razones más importantes por las que muchas personas invierten en este tipo de viviendas en primer lugar es que se pueden utilizar para reducir las emisiones de carbono de una casa residencial, sin mencionar vivir fuera del sistema con un daño mínimo al medio ambiente.

Contrariamente a la creencia popular, si bien las casas de contenedores son mejores que las tradicionales en términos de respeto al medio ambiente, no todas las casas de contenedores marítimos son necesariamente ecológicas. Sus prácticas determinan cuán sostenible puede ser su hogar de contenedores marítimos, y hay cosas que deberá hacer para asegurarse de que su hogar de contenedores marítimos sea respetuoso con el medio ambiente.

Accesorios

Los aparatos eléctricos de la casa son una de las áreas en las que puede reducir seriamente el carbono y minimizar las emisiones. Para empezar, dejamos muchos dispositivos encendidos o en espera, lo que da como resultado un desperdicio de electricidad y todo el daño que conlleva. Obviamente, es más fácil para nosotros dejar los dispositivos en modo de espera para que se enciendan rápidamente, pero es un desperdicio. Es por eso que un mejor método sería apagar estos dispositivos cuando no los esté utilizando, ya sea desconectando la máquina o apagando los interruptores.

Podría pensar que los dispositivos en espera no necesariamente consumen demasiada energía, pero es falso. Los estudios muestran que al menos el 10% del consumo de electricidad residencial se realiza a través de dispositivos de reserva, lo cual es enorme. Por lo tanto, para reducir el consumo de energía y ser sostenible definitivamente vale la pena esperar unos segundos o incluso minutos adicionales hasta que el dispositivo se encienda.

Además, si la sostenibilidad es algo que le importa, también debería empezar a considerar invertir en electrodomésticos ecológicos, y hay muchas opciones. Puede obtener un refrigerador con la etiqueta Energy Star que minimiza el consumo de electricidad en su hogar de contenedores marítimos. También podría considerar cambiarse a un horno de gas en lugar de uno que funcione con electricidad, lo que le ahorraría mucho dinero en las facturas de servicios públicos.

También sería genial si reemplazara todos sus electrodomésticos viejos por otros nuevos que funcionen con sistemas más eficientes que puedan reducir el consumo de agua y electricidad. Con el tiempo, descubrirá que no solo creó un entorno de vida mucho más sostenible, sino que también ahorró mucho dinero gracias a estas prácticas.

Utilice recursos sostenibles

La buena noticia es que siempre hay muchos recursos sostenibles que puede utilizar para hacer que su hogar de contenedores marítimos sea verdaderamente sostenible. El problema es que es posible que deba hacer un poco más de esfuerzo para encontrar esos recursos, pero los resultados definitivamente valen la pena. Puede comenzar utilizando aislamiento ecológico. Hablamos anteriormente en el libro sobre el aislamiento ecológico como el corcho y la lana o el algodón, y existen otras opciones como la paja y el cáñamo. Dependiendo de su diseño y del clima en el que esté construyendo la casa de contenedores marítimos, será mucho mejor para el medio ambiente si puede usar dichos materiales como aislamiento.

Otro recurso que puede cambiar es su fuente de energía. Un sistema de paneles solares es ideal para un hogar de contenedores marítimos que está fuera del sistema. Es posible que pague unos pocos miles de dólares para instalar las células fotovoltaicas, pero cuando termine, ahorrará mucho dinero en las facturas de energía a largo plazo. La energía solar es también una de las soluciones más ecológicas que existen para generar electricidad.

Reciclar

Vivir en una casa de contenedores marítimos es sostenible a su manera, y si realmente desea llevar las cosas al siguiente nivel, considere el reciclaje. Esto no significa que debe enviar artículos a reciclar, puede hacerlo en casa. Obviamente, debería tener un jardín alrededor de su casa de contenedores marítimos, y no hay mejor manera de mantener ese jardín que usando abono hecho con artículos de uso diario que normalmente desechamos.

Por lo tanto, haga un contenedor de abono, en el que pueda hacer una pila de abono para usar en su jardín. Cosas como sobras de frutas, cáscaras de vegetales, ropa de algodón, bolsitas de té, papel y mucho más se pueden usar como abono para reciclar estos artículos. Cuando recicla tanta basura que normalmente tiraría, es mucho mejor para el medio ambiente. Por lo general, estos artículos se tirarían a un vertedero, lo que aumentaría la acumulación de gas metano.

Cultivar alimentos

Retomando el último punto, y dado que reciclará su basura, ¿por qué no cultivar su propia comida? Ya tiene un jardín, por lo que puede cultivar vegetales, y esta práctica puede ahorrar muchas emisiones de carbono. Además, hacer su propia comida significa que controla lo que se agrega al suelo, por lo que sabe que no hay químicos y puede disfrutar de vegetales orgánicos y frescos.

Construir con materiales locales

Algunas personas a menudo se quedan aturdidas por el destello de los materiales de construcción importados, pero si desea ahorrar dinero y reducir la emisión de carbono, la mejor manera de hacerlo es utilizar materiales de construcción locales. Si bien siempre puede ser una opción disponible para todos, definitivamente intente encontrar materiales locales para su casa de contenedores marítimos. Algunos países son ricos en ciertos recursos, mientras que otros pueden carecer de los mismos. Por lo tanto, investigue un poco y, si encuentra los materiales de construcción que necesita en su localidad, consígalos. Esto reducirá significativamente los efectos del carbono, sin mencionar que le ahorrará dinero de envío.

Algunas personas van un paso más allá y obtienen materiales que no solo son locales, sino también excedentes. Si mira a su alrededor en su zona, probablemente encontrará exceso de materiales de construcción y materias primas desechadas que puede usar, minimizando así la necesidad de comprar nuevos productos. Estos materiales pueden tener algunos defectos, pero con un poco de esfuerzo, pueden encajar en su diseño y ahorrarle mucho dinero porque son excedentes.

Hay muchas otras cosas que puede hacer por su casa de contenedores marítimos para asegurarse de que sea sostenible y represente una amenaza mínima para el medio ambiente. Desde el uso de bombillas de bajo consumo hasta duchas e inodoros que ahorran agua, la decisión es suya. Si bien estas ideas le permitirán ahorrar dinero a largo plazo, el objetivo final es ayudar a proteger y salvar el medio ambiente.

Capítulo 13: Trabajar el exterior

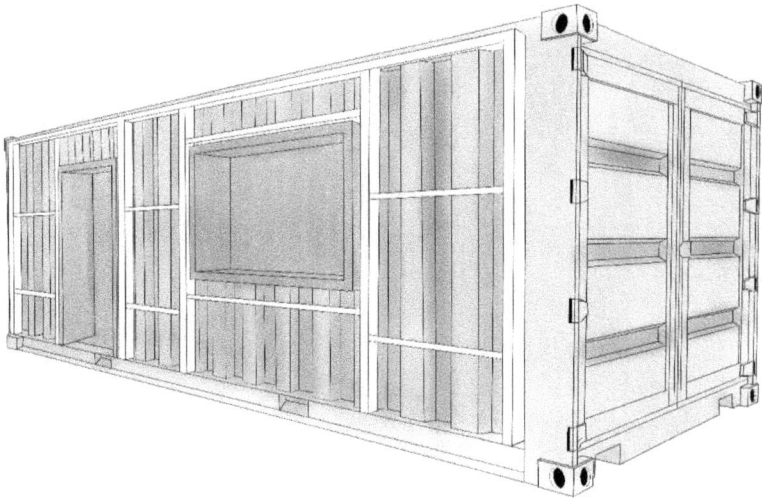

Base para instalar en paredes exteriores

Ya hablamos casi de todo lo relacionado con el interior de la casa de contenedores marítimos, desde el acabado de las paredes y los pisos hasta los muebles. A continuación, antes de que podamos concluir el proceso de construcción, también tendrá que terminar el exterior de los contenedores marítimos. Existen muchas opciones, como con la mayoría de las fases anteriores. Una cosa que marcará la diferencia en este proceso es si ha agregado aislamiento exterior a los contenedores marítimos. Con aislamiento o sin, puede trabajar para darle al exterior de su hogar un hermoso acabado que impresionará a los visitantes.

Con aislamiento

Tener aislamiento exterior siempre es una buena idea, como hemos mencionado tantas veces a lo largo del libro. Afortunadamente, tiene algunas súper opciones para terminar las paredes externas del contenedor si ya ha agregado espuma en aerosol. Puede pintar sobre el aislamiento o agregar estuco para cubrirlo. Lo importante es mantener el aislamiento sellado y cubierto para que pueda salvarse de la luz solar directa y de las condiciones externas, que podrían comprometer su integridad y hacer que falle el aislamiento.

Pintura: pintar es un excelente método para los acabados de las paredes externas de sus contenedores marítimos, pero debe usar tipos específicos de pintura. Al pintar sobre espuma en aerosol, debe usar pintura acrílica o látex a base de agua y evitar la pintura a base de aceite porque puede dañar el aislamiento. Además, evite la pintura de alto brillo, ya que resaltará cualquier irregularidad en la superficie del contenedor, a diferencia de la pintura semibrillante o plana, que puede ocultar tales inconsistencias y cubrir el aislamiento correctamente.

Antes de comenzar a pintar el contenedor, inspeccione todas las paredes exteriores de los contenedores marítimos que pintará y busque bordes ásperos o partes irregulares. Si los encuentra, use papel de lija para emparejarlos para que la pintura se vea lisa y uniforme en el exterior. Recuerde siempre usar equipo de protección como gafas y máscaras para evitar inhalar vapores o que cualquier partícula entre en sus ojos.

Después de lijar las partes rugosas, puede comenzar a pintar las superficies exteriores de los contenedores marítimos. Necesita al menos tres capas de pintura para las superficies exteriores y puede elegir la herramienta que prefiera para extender la pintura, ya sea una pistola rociadora, una brocha o un rodillo. Sin embargo, para el exterior, las pistolas rociadoras serían la mejor opción, ya que brindan una cobertura de pintura uniforme y también son las más rápidas para hacer el trabajo. Si está usando una, asegúrese de probarla primero en cartón para saber qué tan poderoso es el flujo. Los rodillos también son buenos, pero son más lentos que las pistolas de pintura, mientras que los pinceles son los más lentos, pero brindan un excelente control sobre la pintura.

Algunos expertos recomiendan aplicar un sellador de cera sobre la pintura cuando haya terminado de pintar. Esto le dará a las superficies exteriores de los contenedores marítimos un acabado mucho mejor. Use varias capas delgadas en lugar de una o dos gruesas. Deje que cada capa se seque antes de aplicar la nueva.

Estuco: el estuco en las superficies exteriores de los contenedores marítimos se ve bastante bien y es una opción a considerar. Sin embargo, si va a aplicar estuco, es mejor que la espuma en aerosol tenga bordes y acabados ásperos para que el estuco se adhiera más fácilmente. (Esto es una cosa más a considerar al tomar la decisión sobre el aislamiento exterior.) Una ventaja distintiva del estuco es que es fácil de manejar; sencillamente comprará mezclas que solo necesitan agua antes de ser aplicadas. Pregúntele al vendedor sobre el área de superficie que puede cubrir cada bolsa de mezcla de estuco.

Antes de comenzar a trabajar, asegúrese de cubrir el suelo alrededor de su casa de contenedores marítimos con una lámina de plástico para protegerlo de cualquier derrame. Para aplicar estuco, primero debe usar adhesivo para fijar los rebordes en las esquinas de modo que el reborde quede recto sin inconsistencias. Mezcle el polvo de estuco con agua en un balde y déjelo durante cinco minutos más o menos. Antes de agregar el estuco, debe asegurarse de que la superficie de aislamiento externa esté húmeda para que el material pueda adherirse a las paredes, usando una manguera para regarlo y mantenerlo húmedo.

Luego, con una llana de acero, trabaje desde la parte inferior de la pared de los contenedores marítimos hasta la parte superior, aplicando el estuco a medida que avanza. Asegúrese de que el estuco se aplique uniformemente en toda la superficie, con trazos largos en lugar de cortos. El proceso de agregar estuco debe realizarse dentro de la media hora posterior a la mezcla, así que asegúrese de trabajar dentro de ese período de tiempo. En términos de capas, siga el mismo método que usaría con la pintura; aplique varias delgadas en lugar de un par de gruesas. Cuando la capa aún esté húmeda, rastrille cada una después de aplicar más estuco, lo que proporcionará un mejor agarre para la siguiente capa. Para un acabado más elegante de estuco, puede terminar la última capa con una llana de polietileno.

Sin aislamiento

Si bien el aislamiento exterior es importante y puede ayudar a evitar una gran cantidad de calor y frío en su hogar de contenedores marítimos, puede omitirlo y concentrarse en el aislamiento interior. El lado positivo es que el exterior se verá como una casa de contenedores marítimos, que se ve genial y suma singularidad al diseño, y muestra los verdaderos orígenes del lugar en el que vive.

Pintura: si va a dejar expuesto el exterior de sus contenedores marítimos, lo mínimo que debe hacer es pintarlo. Un exterior sin aislamiento se ve bien y muestra el arduo trabajo que realizó para transformarlo en una casa, pero también deja el exterior expuesto. Entonces, una capa de pintura a base de látex aquí puede marcar una gran diferencia. El exterior aún se vería como contenedores marítimos, pero habrá una capa que puede brindar protección contra el óxido y las fugas.

La pintura a base de látex puede mejorar la longevidad de su casa de contenedores marítimos y mantener el exterior con un aspecto agradable también. Antes de aplicar la pintura, limpie la superficie de los contenedores marítimos, retire las pegatinas y use papel de lija y esmeriladoras para eliminar el óxido que pueda haber quedado en las paredes exteriores. Usar una cuchilla para esta tarea podría resultar complicado, y también peligroso. Recuerde también cubrir el suelo con láminas de plástico antes de pintar.

Los expertos recomiendan usar pintura de esmalte alquidálico para el exterior de los contenedores marítimos, y puede aplicarla con brochas, rodillos o pistolas rociadoras. Como antes, la pistola rociadora es la opción más rápida, y cubre de manera más consistente, pero también puede usar las otras dos. Utilice al menos tres capas de pintura en las paredes exteriores.

Revestimiento de madera

Una opción más para terminar el exterior de su hogar de contenedores marítimos es revestirlo con madera. Este es un gran método que le dará a su hogar un acabado único y hermoso, así como la apariencia de una casa de madera. El revestimiento de madera también es bastante fácil de instalar y no requiere mucho tiempo. Otra ventaja de este acabado es que proporciona una capa adicional de protección al exterior de la casa de contenedores marítimos.

Para comenzar a revestir su casa con madera, debe colocar listones en las paredes exteriores. Los tablones de dos por cuatro pulgadas funcionan muy bien para el revestimiento de madera, pero asegúrese de que se ajusten al tamaño del contenedor antes de enmarcarlo. Coloque los listones a una distancia de 16 pulgadas entre sí y fíjelos al contenedor. Puede perforar agujeros en el extremo de cada listón a una distancia de un pie del techo y del piso. Atornille un perno a través del orificio y apriételo para asegurarse de que sujete el listón correctamente. Para revestimientos de madera verticales, deberá colocar los listones horizontalmente. Para el revestimiento horizontal, deberá colocar el listón verticalmente.

Repita el mismo proceso para cada listón hasta que estén bien adheridos al contenedor por los lados superior e inferior. Ahora que rodean el exterior de los contenedores marítimos, puede agregar el revestimiento. Simplemente consiga tablas de madera y clávelas a los listones exteriores en un proceso similar al de instalar madera real al interior, que discutimos anteriormente. Use clavos de acero inoxidable al clavar las tablas, para que puedan soportar los elementos sin oxidarse. Comience en la parte inferior de los listones, diríjase hacia la parte superior y asegúrese de que las juntas del revestimiento estén superpuestas.

Después de agregar el revestimiento de madera, cúbralo con un tratamiento resistente a la humedad y los rayos UV para prolongar la vida útil de la madera y ayudarle a resistir el calor y la humedad del sol.

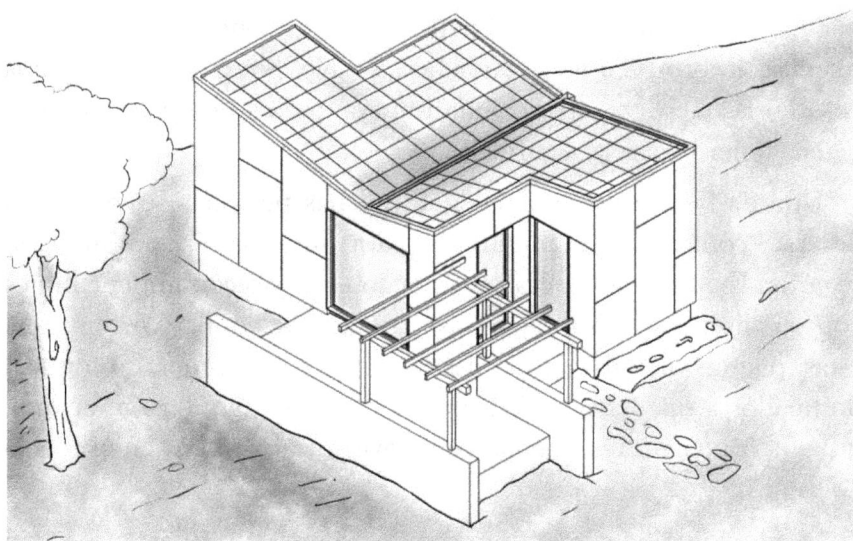

La casa de contenedores marítimos, con todos sus accesorios, techo, marcos y decoraciones exteriores

Capítulo 14: Seguridad

Lo último que discutiremos en este libro es la seguridad de su hogar. Los contenedores marítimos son estructuras excelentes que pueden durar muchos años. Pueden soportar condiciones extremas mientras lo protegen y lo mantienen a salvo. Sin embargo, hay una cosa en la que debemos profundizar, ya que es una parte esencial de cualquier hogar: la seguridad.

Una de las razones por las que muchas personas se inclinan a llevarse contenedores marítimos para su casa es porque son seguros. Están hechos de acero, por lo que parecen impenetrables con su diseño pesado y puertas gruesas. Sin embargo, sepa que estas puertas pesadas y el diseño robusto en general no están destinados a mantener alejados a los intrusos, sino a asegurarse de que los contenedores puedan sobrevivir a viajes largos en el mar o en trenes.

Sí, un contenedor marítimo se considera seguro, pero no es tan seguro como podría pensar, y definitivamente no es tan seguro como le gustaría que fuera su espacio vital. Es por eso que debe realizar algunas modificaciones y cambios para asegurarse de que se puedan hacer seguros correctamente. En la siguiente parte, exploraremos algunas cosas que puede hacer para aumentar la seguridad de sus contenedores marítimos.

Por qué necesita mejorar la seguridad

Antes de que pueda comenzar a realizar cambios en su hogar en términos de seguridad, primero debe comprender lo que eso significa. Planificar esta parte específica con anticipación, le ayudará a avanzar de acuerdo con un plan sólido y a gastar menos dinero para asegurar su hogar de contenedor. En esta parte del libro, analizaremos la seguridad física, evitando que personas no deseadas entren en su contenedor. Esto es diferente de otros tipos de seguridad como la ciberseguridad, que no es relevante para el hogar de contenedores marítimos.

Al leer todo esto, puede suponer que no necesita seguridad adicional para su casa de contenedores marítimos, pero eso sería tirar los dados y esperar que todo salga bien, lo que nunca es una buena idea. Piénselo de esta manera, ¿tiene algo que perder si alguien irrumpe en su casa de contenedores marítimos? La respuesta probablemente sería sí. Este no es exactamente un contenedor marítimo vacío o utilizado para almacenar basura. Si ese fuera el caso, entonces no habría necesidad de mayor seguridad. Pero estos contenedores marítimos han recibido una gran inversión para renovarlos y convertirlos en una casa, por lo que tiene algo que perder si alguien irrumpe, y es más que solo el contenido de su casa.

Hay muebles valiosos, cableado y pertenencias personales en su casa de contenedores marítimos, y deben mantenerse seguros en todo momento. No es solo el riesgo de robo lo que debe preocuparle, sino también el vandalismo. Siempre existe la posibilidad de que un ex empleado descontento, alguien a quien no le guste, o incluso adictos a las drogas, puedan irrumpir en su casa de contenedores marítimos y destrozar todo lo que ha construido con trabajo duro.

Estos puntos son especialmente importantes si se tiene en cuenta el lugar donde vive. Muchas personas eligen lugares fuera del sistema para sus casas de contenedores marítimos, por lo que las posibilidades de intrusos aumentan en tales casos. Lo más importante es que debe poder dormir por la noche sin preocuparse de que un ladrón pueda entrar en su casa fácilmente. Su familia ocupará el espacio y debe asegurarse de que se mantengan a salvo.

¿Vale la pena el costo?

Si tiene algo que perder si alguien ingresa a su casa de contenedores marítimos, entonces la respuesta es definitivamente sí, las medidas de seguridad adicionales valen el costo y el esfuerzo. Una de las funciones más importantes que desempeña un sistema de seguridad en su hogar es la disuasión, para empezar. Ahuyenta a los ladrones y saboteadores. Si escuchan una alarma cuando entran en su casa, lo más probable es que huyan. Dejando a un lado la disuasión, un sistema de videovigilancia puede ayudar a encontrar a los ladrones y recuperar sus pertenencias robadas.

Debe comprender los costos asociados con la seguridad porque cuestan un poco, pero como mencionamos, vale la pena cada centavo considerando que puede mantener la propiedad y las vidas seguras. Al principio, tiene costos de adquisición, que es el dinero que paga para comprar las medidas de seguridad que planea usar, ya sea un sistema de alarma, una cerradura u otra cosa. Luego tiene costos operativos porque algunas medidas requerirán un trabajo regular. Las cámaras y los sistemas de alarma necesitarán monitoreo. Los sistemas pueden necesitar baterías, y también deberá invertir en cubrir su sistema de seguridad para que se vea visualmente agradable, así que surgirá la necesidad de conseguir herramientas para remover pintura y óxido.

Probablemente tendrá costos de reemplazo con el tiempo, por sistemas más robustos o de mantenimiento del actual. Considere la adquisición y el reemplazo en su presupuesto de seguridad.

Medidas de seguridad para casas de contenedores marítimos

Ahora que hemos discutido la importancia de las medidas de seguridad para su nuevo hogar y si valdría la pena el costo, es hora de explorar algunas opciones que puede agregar a su hogar para mejorar su seguridad. Existen medidas específicas que puede seguir con fines de disuasión, prevención y detección, y es posible instalar una o varias de ellas según su criterio y presupuesto. Vale la pena conocer estas opciones para que pueda considerar cada una mientras sopesa los pros y los contras.

Luces

Las luces exteriores son una de las mejores formas de disuadir posibles amenazas y riesgos para el hogar de contenedores marítimos. La disuasión significa simplemente hacer creer a los posibles ladrones o asaltantes que un ataque a su propiedad no tendrá éxito, por lo que ni siquiera lo intentarán. Las luces exteriores son excelentes para ese propósito. La mayoría de los ataques a propiedades o personas ocurren al amparo de la noche, cuando es menos posible que los intrusos sean detectados. Las luces cuidadosamente colocadas alrededor de su contenedor eliminan esa ventaja para los posibles intrusos.

El mejor lugar para colocar las luces exteriores es en un terreno elevado, por lo que es difícil que alguien las manipule. Hay bastantes opciones en cuanto a las luces en sí, desde LED hasta halógenas o incluso incandescentes. Sin embargo, las luces LED se consideran la mejor opción porque consumen menos energía y duran más, lo que las convierte en la mejor inversión. Siempre es una buena idea comprar una iluminación decente que proporcione 360 grados de cobertura, asegurando que no haya puntos ciegos alrededor de su casa de contenedores marítimos por donde los ladrones puedan penetrar.

Las luces también deben tener un marco de metal duradero para sobrevivir al clima durante mucho tiempo sin que tenga que reemplazarlas cada mes. Evite las cubiertas ligeras de plástico; no durarán mucho y no son muy fiables. Hay otras opciones de luces como la iluminación con detección de movimiento, que pueden ahorrar mucha energía, pero no generan tanta disuasión como una luz normal. En cualquier caso, sabrá cuál es la mejor luz para el lugar en el que se encuentra, así que busque un sistema que funcione bien para su nuevo hogar.

Señales de advertencia

Uno de los mejores métodos de disuasión es colocar señales de advertencia sobre su sistema de seguridad, incluso si está mintiendo. Todo lo que necesita es causar un poco de duda y preocupación en la mente de un ladrón, y suele ser suficiente para detenerlo. Puede colocar letreros que indiquen que toda la propiedad está vigilada y los intrusos estarán sujetos a todo el peso de la ley. Algunas personas hacen un esfuerzo adicional e incluso colocan cámaras falsas, que vienen con luces parpadeantes y un diseño realista. Esto también podría ser suficiente para disuadir cualquier posible asalto a la morada.

Ocupación

Ningún ladrón quiere irrumpir en una casa llena de gente, por lo que a menudo esperan hasta estar seguros de que el lugar está vacío y luego entran. Su trabajo es complicarles las cosas. Debe dificultar que los intrusos se den cuenta de si hay alguien en casa o no. Una señal clara y fácil es dónde estaciona su automóvil. Si estaciona al aire libre, cualquier ladrón puede identificarlo fácilmente y darse cuenta de que no hay nadie en casa. Por eso siempre es mejor estacionar su automóvil en un garaje cerrado que no permita a los intrusos saber si alguien está en casa o no.

Otra táctica que usa mucha gente es tener temporizadores electrónicos para apagar dispositivos, desde televisores hasta radios. Esto asustará a cualquier intruso cerca de su casa porque pensará que hay alguien adentro. Estos sistemas no son tan caros como podría pensar y muchos se activan fácilmente a través de Wi-Fi. Por lo tanto, investigue un poco sobre el tema y decida qué funciona mejor para su preciosa casa.

Limpiar la zona

La zona alrededor de la casa de contenedores marítimos debe estar libre de cualquier herramienta que pueda usarse en su contra. Tener cortadores de pernos o alambres es obviamente una mala idea porque cualquiera puede usarlos para entrar en su casa. Asegúrese de haber limpiado todo el sitio de cualquier herramienta que haya utilizado en el proceso de construcción u otros proyectos paralelos.

Cerraduras

Los candados son una de las medidas preventivas más importantes que puede tomar. Se pueden usar diferentes tipos de candados, pero debe pensarlos en el contexto del resto de su casa de contenedores marítimos y cómo, dónde y por qué los usará. Cuando compra un candado, tiene que ser del tamaño correcto porque debe caber en lo que sea que vaya a bloquear; considere las ventajas de los candados con llave frente a las cerraduras de combinación.

1. Candado tradicional

Los candados tradicionales o convencionales son los que se ven en todas partes. Vienen de muchos materiales y básicamente todos funcionan de la misma manera. Un problema que tienen los candados convencionales es que el grillete está expuesto, por lo que es fácil de cortar o esmerilar. Puede obtener candados más caros con grilletes hechos de materiales como carburo de boro duro u otras sustancias duraderas, que son mucho más difíciles de romper y los intrusos serán disuadidos si encuentran tal resistencia.

Candado de grillete cerrado

Este candado no es muy común, a pesar de ser más seguro que el ejemplo anterior. Un candado con grillete cerrado se parece mucho a uno convencional, pero el cuerpo del candado cubre la mayor parte del grillete. Esto definitivamente ayuda a proteger el candado de cualquier intento de alteración o robo, pero también reduce el espacio alrededor del grillete, lo que lo hace más difícil de manejar.

2. Candado de grillete redondo

También conocido como candado de disco, este es circular y viene con un pequeño grillete curvado y expuesto. Sin embargo, a diferencia de un candado convencional, este no tiene resorte; cuando gira la llave, el grillete se aparta. El diseño de un candado de disco es bastante simple, a menudo se unen dos mitades de metal, una adelante y otra atrás. Si planea adquirir este estilo de candados, invierta en un modelo de alta calidad porque, con los más económicos, las mitades metálicas se pueden separar fácilmente o incluso aplastar.

3. Candado de grillete recto

También conocido como candado para contraventanas, esta cerradura se usa a menudo con puertas enrollables (también conocidas como contraventanas) y brinda una excelente protección. El grillete no es curvo ni con forma de gancho sino recto, lo que hace que sea muy resistente a la manipulación porque si lo piensa bien, es un tipo de candado de grillete cerrado.

Los candados de las contraventanas se usan comúnmente con los contenedores marítimos, y puede ser la opción recomendada por el fabricante. Si planea obtener uno, asegúrese de obtener un candado de alta calidad hecho de materiales endurecidos. No se deje tentar por los tipos importados que se ven bonitos, pero que están hechos de materiales débiles y se manipulan fácilmente. Uno de los mejores materiales para los candados de las contraventanas es el latón recubierto de acero, que proporciona una excelente protección y es muy duradero.

Podría valer la pena la inversión para obtener una guarda de candado de contraventana para su casa de contenedores marítimos. No es un candado, sino una tapa de metal que encierra uno de los tipos de candados mencionados, lo que los hace aún más seguros. En general, los candados son más baratos que muchas otras opciones y tipos de cerraduras, por lo que, si agrega un protector de candado, el costo aún podría ser más asequible.

Antes de obtener un protector de candado, asegúrese de tener suficiente espacio para usar el candado, ya que podría sentirse apretado. Si es bueno con el trabajo en metal, puede considerar un método de bricolaje para hacer el protector, ya que el diseño es bastante sencillo.

Cercas

No hay nada como una casa al aire libre para animar a los intrusos a entrar en su casa. Ninguna cerca puede prevenir todos y cada uno de los intrusos, pero seguro que los hará pensar dos veces antes de irrumpir en su casa. También los ralentizará significativamente. Hay que intentar que el proceso de irrumpir en su hogar sea lo más complicado y agotador posible; una cerca es importante en ese sentido.

Hay un montón de opciones para la cerca, dependiendo de su presupuesto. Puede usar cualquier cosa, desde alambre de púas o mampostería hasta madera. Hay algunas cosas a considerar antes de decidirse o comprar. ¿Quiere que la cerca bloquee la vista hacia el exterior de su casa, o debería ser transparente? ¿Qué materiales le costarían menos para hacer la cerca, especialmente si se obtienen localmente con un proveedor cercano?

También hay que considerar el factor del bricolaje. Puede instalar algunos materiales por su cuenta, pero otros requerirán contratistas. Por último, pero no menos importante, debe considerar la estética. ¿El material y el diseño de la cerca complementarán su casa de contenedores marítimos, o sobresaldrá como un pulgar adolorido? También considere los alrededores cuando decida; una cerca de alambre de púas en un vecindario con cercas de madera puede parecer fea y fuera de lugar.

Puertas: Para facilitar el movimiento dentro de la casa de contenedores marítimos, algunas personas pueden instalar puertas para el personal en el costado del contenedor, diferentes de las puertas que ya están instaladas en el contenedor. Las puertas para personal pueden ser una amenaza para la seguridad, ya que están hechas de láminas de metal con un núcleo de espuma u otros materiales, y juegos de bisagras como las que encontrará en cualquier puerta, aunque existen diferentes formas de asegurar dicha puerta.

1. Construcción

Para asegurar una puerta, el mejor momento para comenzar es durante el proceso de construcción en sí. Una puerta convencional consiste básicamente en dos piezas metálicas con un núcleo de un material más blando en medio. Este es el concepto general, pero puede hacer muchos cambios, como alterar el grosor de las piezas de metal o agregar refuerzo de metal. Si necesita ver modelos de puertas seguras, puede buscar puertas resistentes al fuego o a los huracanes, ya que se consideran puertas seguras y brindarán una excelente protección contra posibles intrusos.

Verifique las especificaciones de la puerta antes de comprar para tener una buena idea de lo que se puede hacer, y si puede brindar la protección deseada. Si el dinero no es un problema, las opciones más caras, como las puertas de metal sólido, pueden ser las mejores.

Cerradura de barra o pasador para puerta

Una de las formas más fáciles y rápidas de asegurarse de que la puerta de su personal esté asegurada es agregando una cerradura de barra en la puerta. Agregará una barra de metal duradera frente a la puerta que se puede correr hacia un lado cuando no la necesite. Cuando tenga la barra de la puerta, asegúrese de que la bisagra exterior no se pueda desarmar por partes para que no se pueda quitar por completo. Además, recuerde que las barras no cubren toda la puerta, una razón para no obtener una puerta barata que los intrusos puedan quitar para abrirse camino.

Consiga o haga una barra para la puerta que sea resistente y cubra una buena parte de la puerta, pero no la haga demasiado pesada porque entonces será demasiado difícil y molesto para usted entrar y salir. También debe incluir una caja de seguridad incorporada para mantener la barra asegurada.

2. Bisagras

Tener la puerta segura es cuestión de pensar en las bisagras, especialmente las bisagras exteriores. La mayoría de los propietarios de contenedores marítimos probablemente optarían por un diseño de puerta que se abre hacia afuera para ahorrar el espacio interior, ya limitado. Sin embargo, hacerlo significa que necesitará bisagras exteriores para que gire hacia afuera, y esas bisagras deben tener pasadores que no se puedan quitar. Si instala bisagras baratas con pasadores de mala calidad, un ladrón puede desarmar fácilmente toda la puerta y sacarla de su marco, y la cerradura que tenga en la puerta no importará.

Una de las mejores opciones para un pasador de bisagra sólido es el pasador remachado. Viene con un diseño único más grueso y asegura que el pasador no esté sujeto a ninguno de los lados de la bisagra. Como resultado, obtiene un diseño seguro con una bisagra permanente que no se puede quitar. También puede hacerlo de otra manera e instalar una bisagra con un pasador atornillado. Con tales bisagras, el tornillo de fijación no permite que se retire el pasador si la puerta está cerrada. Sin embargo, si está abierto, puede aflojar el tornillo de fijación e intentar quitar el pasador.

Algunas personas no se centran en los pasadores, y siguen un método diferente. Puede usar pernos para mantener sus puertas aseguradas. Si un ladrón quita los pasadores de las bisagras, el perno puede evitar que la puerta se salga. Esto funciona porque tiene pequeños pernos del lado del marco de las bisagras, por lo que prácticamente entran en la puerta cuando están cerrados y aseguran eficazmente. Para seguir este camino, debe comprar bisagras de puerta con pernos incorporados para facilitar su vida.

3. Cerradura electrónica

Una cerradura electrónica puede resultar un buen método en ciertos casos. Hay muchas formas diferentes de mantener su puerta asegurada, desde usar pestillos hasta bloquear las manijas de las puertas, pero todas funcionan de la misma manera, más o menos, con algunas diferencias menores. Sin embargo, una cerradura electrónica tiene algunas ventajas, especialmente si el contenedor está habitado o es utilizado por bastantes personas. Puede configurarlo para que incluya diferentes combinaciones de contraseñas, por lo que no será necesario distribuir muchas llaves que podrían perderse fácilmente y causar problemas. Algunos modelos más nuevos se pueden operar a través de Wi-Fi y puede desbloquearlos de forma remota, ¡una característica muy interesante y útil!

No importa qué método elija para asegurar sus puertas, esta es una parte del proceso de diseño que debe considerar cuidadosamente. Asegurarse de que las entradas de sus contenedores marítimos estén aseguradas es la mejor manera de evitar que cualquier intruso ingrese a su casa y robe o cause estragos. Considere este punto con tiempo y atención.

Ventanas

Si bien las puertas pueden representar una amenaza para la seguridad a veces, no es nada comparado con las ventanas. Pueden ser tan riesgosas que algunos propietarios de contenedores marítimos ni siquiera usan ventanas, pero no es común. La mayoría de las casas de contenedores marítimos tienen bastantes ventanas en el diseño, y hacen que el lugar se vea y funcione mucho mejor. El desafío consiste en asegurarse de que las ventanas sean lo más seguras posible.

Una ventana suele ser la parte menos segura de la casa de contenedores marítimos, y los ladrones pueden entrar fácilmente a su casa si rompen el vidrio. Por lo tanto, la seguridad externa alrededor de las ventanas es definitivamente una buena idea, y tiene muchas opciones.

Cubiertas

Al igual que las cerraduras de barras de las puertas, una cubierta de ventana puede proteger las ventanas de sus contenedores marítimos. La diferencia entre la cubierta y la cerradura de la barra de la puerta es que la primera es de metal sólido, considerando que las ventanas son menos seguras en comparación con las puertas. Lo bueno de esta opción es que no es permanente y puede abrir la ventana cuando desee. Puede abrirse vertical u horizontalmente, e incluso hay diseños de puertas de granero, que se deslizan horizontalmente. La elección de estas opciones no dependerá solo de sus preferencias, sino también del diseño de sus contenedores marítimos, pues puede requerir una en específico que se adapte al diseño.

Por ejemplo, las cubiertas que se abren en vertical requieren pasadores de bisagra permanentes. Es una de las mejores opciones, en general, porque a medida que se enrolla, proporciona sombra y reduce la luz solar directa que cae sobre su ventana. Al igual que con las cerraduras de las barras de las puertas, también debe usar una caja de seguridad en las cubiertas de las ventanas.

Barras / Malla

Probablemente la mejor forma de mantener seguro el exterior de su casa de contenedores marítimos es instalar barras de acero o una malla. El problema es que son soluciones bastante permanentes, por lo que no puede eliminarlas a voluntad y pueden hacer que se sienta atrapado dentro de su propia casa. Esa ni siquiera es la peor parte; Las mallas o rejas de acero dificultan seriamente la visión fuera del contenedor, lo cual no es bueno, especialmente si vive en un lugar rodeado de vegetación o hermosos paisajes.

Por otro lado, estas opciones brindan la mejor seguridad y garantizan que será difícil para un intruso ingresar a su casa de contenedores marítimos. Las barras de metal son la mejor opción porque el acero de una malla expandida es más delgado, por lo que podría brindar menos protección.

Detectores

Hablamos anteriormente sobre las técnicas de prevención para disuadir y evitar que los intrusos entren a los contenedores marítimos. Ahora, discutiremos algunas técnicas de detección que pueden ayudarlo a detectar cualquier intruso que pueda ignorar los elementos de disuasión y deambular por las cercanías de su hogar. La detección es la última línea de defensa, y el punto es tener un sistema sólido que pueda detectar cualquier invasión y generar una respuesta adecuada.

1. Alarmas

Un sistema de alarma es una de las mejores técnicas de detección que existen y también sirve para disuadir. Un sistema bien ubicado puede detectar intrusos y posibles intentos de robo, especialmente si no está en casa. Si sucede, notificará al propietario y activará una respuesta policial, al menos en algunos sistemas.

Los sistemas de alarma se basan en una variedad de sensores, y esto incluye sensores de movimiento, calor y sonido, y otros tipos que varían según el sistema. Si los sensores se activan y detectan que algo anda mal, se activa una respuesta. Puede ser un sonido de alarma fuerte o la notificación a una compañía de seguridad o la policía, mientras que algunos activan una llamada telefónica o un mensaje de texto al propietario. O el ruido fuerte asustará a los intrusos, o el sistema enviará una alarma silenciosa a las fuerzas del orden para que puedan capturar al intruso antes de que escape.

Invierta en un sistema de alarma con una batería de respaldo, lo cual es crucial si el intruso es lo suficientemente inteligente como para cortar el suministro de energía eléctrica que alimenta el sistema de alarma. No necesita un sistema de alarma sofisticado para su nuevo hogar; después de todo, ¡no es un banco! Un sistema básico de sensores de puertas y ventanas y un detector de movimiento funcionarán bien y pueden brindarle la seguridad que necesita. Puede obtener un sistema más avanzado con más sensores y opciones si el dinero no es un problema, pero podría ser excesivo.

2. Perros

Puede sonar pasado de moda en el mundo de la alta tecnología en el que vivimos, pero un perro de seguridad es una de las mejores técnicas de disuasión, prevención y detección que pueden mantener su hogar seguro. Un perro puede detener o atacar a cualquier intruso que intente irrumpir en su casa, y puede ser eficiente para hacerlos huir. El ladrido de un perro también proporciona una excelente técnica de detección porque en su mayoría están entrenados para ladrar a intrusos no deseados. Muchos factores influirán en su elección del perro de seguridad, pero una raza lo suficientemente fuerte puede ser una excelente protección para usted y su familia, además de sus pertenencias.

3. Cámaras

Antes mencionamos las cámaras falsas como medio de disuasión, pero estas son las verdaderas. Tiene dos opciones con las cámaras de seguridad. Una en vivo que transmite el video a otro lugar, y generalmente están conectadas a un sistema de alarma. Puede instalar modelos de cámaras de seguridad en vivo para exteriores y / o interiores, pero por seguridad, la exterior debería ser más que suficiente. El problema es que posiblemente necesite más de una cámara de seguridad en el exterior para cubrir todo el perímetro de su casa de contenedores marítimos. También tendrá que pagar una tarifa de monitoreo mensual porque tiene que haber alguien que vigile el video de seguridad.

La segunda opción son las cámaras de registro, que no transmiten imágenes en vivo a ningún lugar, sino que registran los eventos para verlos e identificar a los intrusos más tarde. A diferencia de las cámaras en vivo, no necesita una conexión a Internet para estas cámaras. Tampoco es necesario que pague la tarifa de control mensual.

Preguntas frecuentes: las 10 preguntas más comunes

1. ¿Qué estados de EE. UU. permiten casas de contenedores marítimos?

La mayoría de los estados de EE. UU. permiten casas de contenedores marítimos, aunque las regulaciones pueden variar. Debe verificar las reglas y regulaciones del estado antes de planificar su casa de contenedores marítimos.

2. ¿Qué países permiten casas de contenedores marítimos?

Al día de hoy, EE. UU. y Canadá son los países más grandes de América del Norte que permiten casas de contenedores marítimos. En cuanto a Europa, muchos países europeos también han legalizado las casas de contenedores marítimos como Francia, Reino Unido, Bélgica, Austria, Alemania y España. Sin embargo, siempre debe verificar primero o consultar con un profesional legal antes de seguir adelante.

3. ¿Son seguras las casas de contenedores marítimos?

En pocas palabras, sí, las casas de contenedores marítimos son seguras. Están fabricadas de acero corrugado y son duraderas, ya que están diseñadas para soportar largos viajes en el mar o en trenes, por lo que son bastante duraderas.

4. ¿Son más baratas las casas de contenedores marítimos que las casas tradicionales promedio?

Sí lo son. Sin embargo, dependiendo de su presupuesto, puede hacer que una casa de contenedores marítimos sea casi tan cara como una casa tradicional. Afortunadamente, también puede hacer una por una fracción del costo.

5. ¿Puede una casa de contenedores marítimos tener un sótano?

Dependiendo de su diseño inicial, puede dejar espacio para un sótano o un subsuelo que se utilizará como garaje, sí.

6. ¿Se pueden mudar las casas de contenedores marítimos?

Sí, pueden, y esto les da otra ventaja sobre una casa tradicional, que nunca se puede mover.

7. ¿Tiene que pagar impuestos sobre la propiedad por las casas de contenedores?

Si desea que su casa de contenedores marítimos se considere una propiedad inmobiliaria (lo que significa que califica para hipotecas y puede usarse como garantía), entonces deberá pagar el impuesto a la propiedad.

8. ¿Cuánto cuesta una casa de contenedores marítimos promedio?

En promedio, una casa de contenedores marítimos puede costar entre $ 60,000 y $ 80,000. Sin embargo, puede hacer una casa de contenedores marítimos más asequible por tan solo $ 20,000.

9. ¿Debería construirla usted mismo o pagar a contratistas?

Esto dependerá de varios factores, comenzando por su presupuesto. Puede hacerlo usted mismo, pero debe consultar una guía detallada, como la de este libro, sobre cómo proceder. Sin embargo, si no es tan hábil o no desea un método de bricolaje, puede buscar contratistas.

10. ¿Cuánto tiempo puede durar una casa de contenedores marítimos?

Una casa de contenedores marítimos promedio puede durar hasta 25 años sin complicaciones. Sin embargo, si la mantiene regularmente y soluciona cualquier problema de óxido o fugas con prontitud, podría durar mucho más.

Conclusión

Hemos cubierto prácticamente todo lo que necesita saber para hacer de sus contenedores marítimos un hogar. Ya sea que vaya a hacer bricolaje o solicitar la ayuda de un contratista, hemos repasado todo lo que necesita para que funcione. Con un presupuesto ajustado lo mejor sería el bricolaje, y lo mejor de este proyecto es que puede hacerlo usted mismo. No es un paseo por el parque, y requerirá mucha planificación y esfuerzo de su parte, pero el resultado ciertamente valdrá la pena.

Si sigue los consejos y pautas que se mencionan en este libro, con un método de bricolaje, puede construir una casa de contenedores marítimos con un presupuesto de entre $ 20,000 y $ 30,000 dólares si tiene en cuenta los recursos y trabaja para ahorrar dinero. Si no es eficiente, el costo puede llegar hasta los $ 50,000 dólares, lo que sigue siendo excelente y barato si lo compara con una casa tradicional.

Recuerde que tiene diferentes opciones para cada paso de este proyecto, ¡qué es una de las razones por las que es tan genial! Está construyendo su propia casa, por lo que no hay limitaciones en cuanto a lo que puede hacer. Este es un proyecto muy gratificante y satisfactorio, y el resultado será el lugar en el que vivirás. Por lo tanto, tómese su tiempo para planificar a fondo y considere todos los ángulos posibles más de una vez. Puede terminar con una casa bellamente diseñada que puede durar años y, lo que es más importante, puede heredársela a sus hijos con un poco de mantenimiento.

Hay una razón por la que las casas de contenedores marítimos son populares ahora y por la cual son una parte importante del futuro de las propiedades residenciales. Puede personalizar la casa de sus sueños por una fracción del presupuesto de construir una casa tradicional. Además, puede ver cómo se construye desde cero, lo cual es extremadamente gratificante, especialmente si es usted quien lo hace. Además, incluso si no fuera un objetivo principal, estaría construyendo una casa ecológica hecha de materiales sostenibles y es infinitamente mejor para el medio ambiente que una casa tradicional.

Por último, una casa de contenedores marítimos es ideal para ser autosuficiente. Puede vivir fuera del sistema con su propia fuente de energía y su propio jardín donde plantar lo que come. Una casa de contenedores marítimos podría ser su camino hacia una vida menos estresante y más pacífica. Así que disfrute haciéndola, porque sin duda disfrutará viviendo en ella.

Referencias

4 formas de aislar una casa de contenedores marítimos. (2018, 24 de abril). Aumento.

Alex. (2019, 30 de agosto). ¿Cómo funciona la electricidad del hogar de contenedores? SimpleTerra. https://www.simpleterra.com/how-does-container-home-electrical-work/

Mejores formas de aislar contenedores marítimos. (2015, 23 de marzo). Descubrir contenedores. https://www.discovercontainers.com/5-methods-to-insulate-your-shipping-container-home/

Limpieza de contenedores marítimos antes de su uso. (2018, 14 de agosto). Servicios de envío terrestre, marítimo y aéreo - InterlogUSA.

https://www.interlogusa.com/answers/blog/cleaning-your-shipping-container-before-use/

Casas de contenedores: ventajas, desventajas y comparación de costos. (2018, 29 de

noviembre). Aumento.

Diseñe una casa de contenedores marítimos. (Dakota del Norte.). DiscoverDesign.

¿Necesita un permiso para contenedores marítimos? | Sigma Container Corporation. (2019, 23 de diciembre). Contenedores marítimos nuevos y usados. https://www.sigmacontainer.ca/blog/do-you-need-a-permit-for-shipping-containers/

Hogar. (Dakota del Norte.). Descubrir contenedores. https://www.discovercontainers.com/

Home, I. C. (2020, 1 de marzo). Cableado eléctrico de la casa de contenedores marítimos. IContainerHome.Com. https://icontainerhome.com/electrical-wiring-of-shipping-container-home/

Cómo agregar plomería a un contenedor de carga »Wiki Ùtil eHow.com. (2020). EHow.Com. https://www.ehow.com/how_4485929_add-plumbing-cargo-container.html

Cómo elegir los contenedores marítimos adecuados. (Dakota del Norte.). Descubrir contenedores. https://www.discovercontainers.com/complete-guide-to-buying-shipping-containers/

RECOMENDACIONES DE AISLAMIENTO Una guía rápida sobre costos, salud y

consideraciones ambientales. (Dakota del Norte.).

serrajr. (2019, 25 de junio). 5 razones para comprar una casa de contenedores marítimos. ECONISTEMAS. https://www.econtainersmod.com/5-reasons-to-buy-a-container-home/

Explicación de las condiciones del contenedor marítimo | WWT, CW, tal cual. (2019, 28 de febrero). Contenedor XChange. https://container-xchange.com/blog/container-conditions-and-grading-explained/

Casas de contenedores marítimos: una guía de 2019 para comprar y construir casas de contenedores. (2019, 2 de julio). Casas de

contenedores Stackhouse.
https://stackhousecontainerhomes.com/shipping-container-homes-a-2019-guide-to-buying-building-container-houses/

Zonificación, permisos y códigos de construcción de casas de contenedores marítimos. (2019, 27 de agosto). Descubrir contenedores. https://www.discovercontainers.com/shipping-container-zoning-permits-and-building-codes-which-states-allow-them/

¿Debería construir su propia casa de contenedores marítimos? (Dakota del Norte.). Descubrir contenedores. https://www.discovercontainers.com/should-you-build-your-own-shipping-container-home/

Smita. (2019, 22 de agosto). 7 beneficios del diseño del hogar de contenedores marítimos. Marine Insight. https://www.marineinsight.com/recreation/7-benefits-of-shipping-container-home-design/